実況！空想野球研究所

もしも織田信長がプロ野球の監督だったら

手束仁・作
フルカワマモる・絵

集英社みらい文庫

空想野球研究所《くうそうやきゅうけんきゅうじょ》とは

はじめまして！　空想野球研究所《くうそうやきゅうけんきゅうじょ》・所長《しょちょう》の手束仁《てづかじん》です。

とつぜんですが、みなさん「野球《やきゅう》」は好《す》きですか？

私《わたし》は野球《やきゅう》が大好《だいす》きです。

子供《こども》のころは白球《はっきゅう》を追《お》いかける野球少年《やきゅうしょうねん》でしたが、約《やく》50年《ねん》たったいまでも野球《やきゅう》おじさんとして、毎日野球《まいにちやきゅう》を追《お》いかけています。

プロ野球《やきゅう》だけでなく、社会人野球《しゃかいじんやきゅう》、大学野球《だいがくやきゅう》、女子野球《じょしやきゅう》。高校野球《こうこうやきゅう》も地方大会《ちほうたいかい》や練習試合《れんしゅうじあい》まで、野球《やきゅう》のことなら日本全国《にほんぜんこく》どこへでも……。

こうして、毎日《まいにち》「野球《やきゅう》」のことを考《かんが》えていると、ときどき夢《ゆめ》のような空想《くうそう》をして遊《あそ》んでしまいます。

たとえば、常識《じょうしき》では考《かんが》えられない選手《せんしゅ》がいたら？

たとえば、常識《じょうしき》ではありえないルールがあったら？

たとえば、常識《じょうしき》やぶりの夢《ゆめ》の対決《たいけつ》があったら？

ちょっと空想《くうそう》しただけで、ドキドキしてきます。

いまは「ありえない」、「非常識《ひじょうしき》だ」といわれるかもしれません。

でも、ひょっとしたらみらいは――そう考《かんが》えると楽《たの》しくなりませんか？

この「野球《やきゅう》」の空想《くうそう》をとおして、常識《じょうしき》にとらわれない、自分《じぶん》だけの健《すこ》やかな空想力《くうそうりょく》をみなさんが育《はぐく》んでくれることを願《ねが》っています。

ありえないけど、あったらぜったいおもしろい。

そんな野球《やきゅう》の「もしも……」をいっしょに空想《くうそう》していきましょう。

実況《じっきょう》！空想《くうそう》野《や》球《きゅう》研《けん》究《きゅう》所《じょ》

もしも織田信長《おだのぶなが》が
プロ野球《やきゅう》の監督《かんとく》だったら

第《だい》1章《しょう》

プロ野球《やきゅう》監督《かんとく》編《へん》

もしも、織田信長《おだのぶなが》が
読売《よみうり》ジャイアンツの
監督《かんとく》だったら？

ズバリ！

巨人《きょじん》は、
短期決戦《たんきけっせん》で勝負強《しょうぶづよ》い！
その理由《りゆう》は…

もしも、明智光秀《あけちみつひで》が
埼玉西武《さいたませいぶ》ライオンズの
監督《かんとく》だったら？

ズバリ！

西武《せいぶ》は、
手《て》がたい野球《やきゅう》で
首位《しゅい》に立《た》ったが…

読売《よみうり》ジャイアンツ×織田信長監督《おだのぶながかんとく》

短気《たんき》でおこりっぽいことで知《し》られている織田信長《おだのぶなが》ですが、あたらしいもの好《ず》きとしても有名《ゆうめい》です。外国《がいこく》の文化《ぶんか》などもいつも積極的《せっきょくてき》に受《う》けいれていました。ですから、監督《かんとく》になれば、新人選手《しんじんせんしゅ》や外国人選手《がいこくじんせんしゅ》を起用《きよう》したがることはまちがいありません。

しかし、ちょっとでも期待《きたい》はずれだと、すぐにその選手《せんしゅ》をつかわなくなってしまうかもしれません。そして、そのあげくに、スカウト担当《たんとう》のスタッフをどなりつけます。

「だれだぁ！　あんなつかえん選手《せんしゅ》をつれてきたのは！」

「いや、監督《かんとく》がご自分《じぶん》で見《み》られて、おきめになったと思《おも》うのですが……」

「たわけぇ！　ワシがそんなまちがいするわけがないだろう。おまえはそうやっていいわけするのか、もういらん、クビだ！　クビ！」

こうして、選手《せんしゅ》やスタッフをすぐに交代《こうたい》するので、チームはなかなかおちつきません。

これは、かつて巨人《きょじん》で監督《かんとく》をつとめていた長嶋茂雄終身名誉監督《ながしましげおしゅうしんめいよかんとく》につうじるところがあります。自分《じぶん》の「ヒラメキ」にこだわってつらぬくところも、長嶋名誉監督《ながしまめいよかんとく》と信長監督《のぶながかんとく》は似《に》ているといってもいいでしょう。

また、たとえば初回《しょかい》からどんどん打《う》って、大量点《たいりょうてん》をうばう試合展開《しあいてんかい》になったとします。こうなると信長監督《のぶながかんとく》のいきおいはとまりません。もちろん送《おく》りバントなんてこまかい戦術《せんじゅつ》はつかいません。

織田信長《おだのぶなが》は『長篠《ながしの》の合戦《かっせん》』で火縄銃《ひなわじゅう》の鉄砲隊《てっぽうたい》を上手《じょうず》につかって勝利《しょうり》をおさめました。そのときと同《おな》じように、ドカンドカンと打《う》ちまくって相手《あいて》を粉砕《ふんさい》することでしょう。

しかし、一方《いっぽう》で、短気《たんき》であきらめのはやいところもある信長監督《のぶながかんとく》です。投手《とうしゅ》が少《すこ》しでも打《う》たれてしまったら、すぐに交代《こうたい》。

「どいつも、こいつも、ろくなピッチャーがおらん！」

そして、ショートの坂本勇人《さかもとはやと》選手《せんしゅ》を指《ゆび》さしておもわずさけびます。

「だれが投《な》げてもいっしょなんだから、おまえが投《な》げろ！」

「ヒラメキ」さい配《はい》は、これではもはや思《おも》いつきさい配《はい》になってしまいます。

それでも、巨人軍《きょじんぐん》のぶあつい選手層《せんしゅそう》にめぐまれて天下《てんか》をとることもあるでしょう。それに、クライマックスシリーズや日本《にほん》シリーズには強《つよ》いはずです。なにせ、短気《たんき》が売《う》り物《もの》ですから、短期決戦《たんきけっせん》にはめっぽう強《つよ》い。それが織田《おだ》ジャイアンツの野球《やきゅう》です。

埼玉西武《さいたませいぶ》ライオンズ×明智光秀監督《あけちみつひでかんとく》

織田信長《おだのぶなが》とはちがって、明智光秀《あけちみつひで》は育《そだ》ちがよく紳士《しんし》ですから、短気《たんき》をおこしたりすることはまずありません。信長《のぶなが》にいじめられてもぐっとガマンしていたように、光秀《みつひで》にはお坊《ぼっ》ちゃま育《そだ》ちながら「忍耐力《にんたいりょく》」がありました。

そんな光秀監督《みつひでかんとく》は、投手《とうしゅ》に対《たい》しても、打《う》たれたらすぐに交代《こうたい》などということはしません。まずはガマンします。それから、マウンドへいってよく話《はな》します。そして続投《ぞくとう》させながらまたガマン、というかたちになっていくでしょう。どちらかというと、投手《とうしゅ》をひっぱりすぎて、継投《けいとう》を失敗《しっぱい》するケースが多《おお》くなりそうです。

また、勉強家《べんきょうか》の明智光秀《あけちみつひで》は、いつも戦術書《せんじゅつしょ》や技術書《ぎじゅつしょ》を読《よ》んでいました。ですから、コーチ陣以上《じんいじょう》に技術指導《ぎじゅつしどう》に力《ちから》をいれるはずです。その結果《けっか》がしっかりでれば、チームとしては勝《か》つことができます。ただし、指導《しどう》がうまくいかなければ、理想《りそう》を思《おも》いえがいてみただけで終《お》わってしまうリスクはあるでしょう。

そして、読書家《どくしょか》の光秀《みつひで》ですから、冷静《れいせい》な判断力《はんだんりょく》で試合《しあい》の展開《てんかい》を見《み》きわめます。カッとなってとつぜん選手《せんしゅ》を交代《こうたい》したり、思《おも》いつきでコーチでも理解《りかい》できないような選《せん》

手起用《しゅきよう》をしたり、ということはありません。

基本的《きほんてき》には、セオリーどおりの手《て》がたい戦《たたか》いかたで、一度《ど》は首位《しゅい》に立《た》つでしょう。しかし、残念《ざんねん》ながらすぐに転落《てんらく》してしまいます。明智光秀《あけちみつひで》といえば「三日天下《みっかてんか》」ですから、もはやこれは宿命《しゅくめい》です。

A《エー》クラスはキープできるが、首《しゅ》位《い》をキープできない。それが明智《あけち》ライオンズの野球《やきゅう》です。

もしも、武田信玄《たけだしんげん》が東京《とうきょう》ヤクルトスワローズの監督《かんとく》だったら？

ズバリ！

ヤクルトは、「風林火山《ふうりんかざん》」の精神《せいしん》でチームが団結《だんけつ》して…

もしも、上杉謙信《うえすぎけんしん》が千葉《ちば》ロッテマリーンズの監督《かんとく》だったら？

ズバリ！

ロッテは、正々堂々《せいせいどうどう》すぎて引《ひ》き分《わ》けが多《おお》くなり…

東京《とうきょう》ヤクルトスワローズ×武田信玄監督《たけだしんげんかんとく》

もっとも戦国武将《せんごくぶしょう》らしい武将《ぶしょう》だったともいわれている武田信玄《たけだしんげん》は、戦《いくさ》の名人《めいじん》として有名《ゆうめい》です。しかし実際《じっさい》には、山本勘助《やまもとかんすけ》というヘッドコーチ役《やく》の名参謀《めいさんぼう》がいて、この人《ひと》がすべての作戦《さくせん》を考《かんが》えていました。そうした信玄野球《しんげんやきゅう》のモットーは、「風林火山《ふうりんかざん》」としておなじみの旗印《はたじるし》（疾如**風**、徐如**林**、侵掠如**火**、不動如**山**）にあらわれています。

疾《はや》きこと風《かぜ》の如《ごと》く　徐《しず》かなること林《はやし》の如《ごと》し
侵掠《しんりゃく》すること火《ひ》の如《ごと》く　動《うご》かざること山《やま》の如《ごと》し

「疾《はや》きこと風《かぜ》の如《ごと》く」というのは、「風《かぜ》のように速《はや》くてすばやい」ということです。つまり、塁《るい》にでたらすぐに盗塁《とうるい》をしかけていく、機動力《きどうりょく》のある野球《やきゅう》をあらわしています。

「徐《しず》かなること林《はやし》の如《ごと》し」は、「林《はやし》のようにしずかでおちついている」こと。つまり、機《き》動力《どうりょく》だけでなく、きっちり送《おく》りバントもきめられるていねいな正攻法《せいこうほう》の野球《やきゅう》をあらわしています。

そして、「侵掠《しんりゃく》すること火《ひ》の如《ごと》く」というのは、「燃《も》えひろがる火《ひ》のようにすごいいきおいで攻《せ》める」ということですから、チャンスには集中打《しゅうちゅうだ》で一気《いっき》に攻《せ》めまくる野球《やきゅう》をしてきます。まさに、これが信玄野球《しんげんやきゅう》のしんずいです。

この集中打《しゅうちゅうだ》がきまれば、相手《あいて》チームはもう手《て》がつけられません。文字《もじ》どおり、火《ひ》が燃《も》えうつっていくように、上位打線《じょういだせん》から下位打線《かいだせん》までつぎからつぎに打《う》ちまくって、大量得点《たいりょうとくてん》のビッグイニングとなります。

また、「動《うご》かざること山《やま》の如《ごと》し」は、「山《やま》のようにどっしりかまえてくずれない」ということです。投手《とうしゅ》が打《う》たれても、ちょっとのことでは信玄監督《しんげんかんとく》は動《うご》きません。じっくりとじょうきょうを見《み》て、投手《とうしゅ》にまかせます。大事《だいじ》なところでは、山本勘助《やまもとかんすけ》ヘッドコーチがアドバイスをつたえにいきますから、監督《かんとく》はゆうゆうとおちついています。

ただ、どっしりとかまえすぎて、ときにはチャンスをのがしてしまうこともあるかもしれません。しかし、そんなときでも信玄監督《しんげんかんとく》は人《ひと》のせいにはしません。

投手《とうしゅ》が打《う》たれたとしても、代打《だいだ》で起用《きよう》した選手《せんしゅ》が打《う》てなくても、野手《やしゅ》がエラーをしても、信玄監督《しんげんかんとく》はかならずこういいます。

「ミスがでたのは、つかったワシがわるい。選手《せんしゅ》は、よくやってくれた！」

人《ひと》は城《しろ》、人《ひと》は石垣《いしがき》、人《ひと》は堀《ほり》、情《なさ》けは味方《みかた》、仇《あだ》は敵《てき》なり

これは、なによりも「人《ひと》」が大切《たいせつ》だという信玄《しんげん》の考《かんが》えかたをあらわした言葉《ことば》です。そんな熱《あつ》くてやさしい信玄監督《しんげんかんとく》に、選手《せんしゅ》やコーチたちは感激《かんげき》して全力《ぜんりょく》でついていきます。チーム一丸《がん》となっての全員野球《ぜんいんやきゅう》で勝利《しょうり》をめざす。それが武田《たけだ》スワローズの野球《やきゅう》です。

千葉《ちば》ロッテマリーンズ×上杉謙信監督《うえすぎけんしんかんとく》

戦国時代《せんごくじだい》一の勝負師《しょうぶし》といわれ、策略家《さくりゃくか》としても名高《なだか》い上杉謙信《うえすぎけんしん》が監督《かんとく》をやるとすれば、まずはてってい的《てき》に自分《じぶん》のチームを分析《ぶんせき》するでしょう。そして、いろいろ駒《こま》を動《うご》かしてシミュレーションをしながら、ああでもないこうでもないと戦術《せんじゅつ》をねっていきます。

上杉謙信《うえすぎけんしん》は『川中島《かわなかじま》の合戦《かっせん》』でも見《み》せたように、奇襲《きしゅう》もときには大事《だいじ》な戦術《せんじゅつ》だと心《こころ》えています。ですから、無死《むし》三塁《るい》や一死《いっし》三塁《るい》で、いきなりホームスチールをしかけてくるかも

しれません。

しかし、その一方《いっぽう》で、つねに正々堂々《せいせいどうどう》と戦《たたか》うことが謙信監督《けんしんかんとく》のモットーです。「敵《てき》に塩《しお》を送《おく》る」という有名《ゆうめい》なエピソードがあるように、敵《てき》の弱点《じゃくてん》をあえて攻《せ》めるような戦《たたか》いは、よしとしていません。

ですから、相手《あいて》チームに負傷者《ふしょうしゃ》が多《おお》くて万全《ばんぜん》ではないときなどには、そこを攻《せ》める戦術《せんじゅつ》はとらないでしょう。

謙信監督《けんしんかんとく》は、つねに相手《あいて》とフェアに戦《たたか》うことを意識《いしき》しています。

たとえば、海《うみ》のすぐ近《ちか》くにあり

風《かぜ》の強《つよ》いQVC《キューヴィーシー》マリンフィールドをホームとしているので、わざわざ相手《あいて》チームに、

「海《うみ》からの風《かぜ》で打球《だきゅう》がそうとうおしもどされる可能性《かのうせい》があるので、フライのときは心《こころ》して守《まも》るように！」

などと忠告《ちゅうこく》をつたえたりします。

試合中《しあいちゅう》も、鈴木大地《すずきだいち》選手《せんしゅ》が宣言《せんげん》した上《うえ》で盗塁《とうるい》をしかけたり、アルフレド・デスパイネ選《せん》手《しゅ》が予告《よこく》ホームランをねらっていったりするかもしれません。

自分《じぶん》の手《て》のうちをあかすなんて、なんだかもったいない気《き》もします。

でも、そんな謙信監督《けんしんかんとく》は、相手《あいて》チームのファンからも好《す》かれるでしょう。

スポーツマンシップを重《おも》んじて、気持《きも》ちのいいフェアなプレーを、正々堂々《せいせいどうどう》とする。それが上杉《うえすぎ》マリーンズの野球《やきゅう》です。

そんなプレーは見《み》ているファンをうならせますが、試合《しあい》は引《ひ》き分《わ》けになることが多《おお》くなります。とくに武田《たけだ》スワローズとの試合《しあい》では、川中島《かわなかじま》の合戦《かっせん》と同《おな》じように、延長戦《えんちょうせん》からの引《ひ》き分《わ》け再試合《さいしあい》がつづくでしょう。

もしも、豊臣秀吉《とよとみひでよし》が阪神《はんしん》タイガースの監督《かんとく》だったら？

ズバリ！

阪神《はんしん》は、スパルタ野球《やきゅう》で前半戦好調《ぜんはんせんこうちょう》も…

もしも、真田幸村《さなだゆきむら》がオリックスバファローズの監督《かんとく》だったら？

ズバリ！

オリックスは、「いってまえ」精神《せいしん》で人気球団《にんききゅうだん》になるが…

阪神《はんしん》タイガース×豊臣秀吉監督《とよとみひでよしかんとく》

テスト生《せい》から入団《にゅうだん》してなりあがった「たたきあげ」タイプの秀吉監督《ひでよしかんとく》ですから、選手《せんしゅ》にきびしい管理野球《かんりやきゅう》になっていきます。前日《ぜんじつ》に先発《せんぱつ》していた藤川球児選手《ふじかわきゅうじせんしゅ》に翌日《よくじつ》もリリーフで登板《とうばん》させたり、すっかり外野手《がいやしゅ》としてなじんできた横田慎太郎選手《よこたしんたろうせんしゅ》にいきなり内野手《ないやしゅ》をやらせたりと、ようしゃない指示《しじ》をしてしまいます。

それでも、選手《せんしゅ》はあわてません。それは、フロントに千利休《せんのりきゅう》ゼネラルマネージャー（G《ジー》M《エム》）がいるからです。選手《せんしゅ》は千利休《せんのりきゅう》G《ジー》M《エム》じこみの「茶《ちゃ》の湯《ゆ》」の精神《せいしん》で、なんとか心《こころ》をおちつかせ、きびしい秀吉監督《ひでよしかんとく》にもだまってついていきます。

戦国時代《せんごくじだい》にも朝鮮出兵《ちょうせんしゅっぺい》にくりだすなど、海外志向《かいがいしこう》の強《つよ》かった秀吉監督《ひでよしかんとく》は、国際試合《こくさいじあい》にも積極的《せっきょくてき》にいどむでしょう。

「これで勝《か》ったら、ワシらはアジアの天下《てんか》をとったことになるんじゃ」

などといいながら、どんどん国際試合《こくさいじあい》に参戦《さんせん》。ベテランの能見篤史選手《のうみあつしせんしゅ》や売《う》りだし中《ちゅう》の藤浪晋太郎選手《ふじなみしんたろうせんしゅ》にも、ようしゃなく連投《れんとう》させてしまいます。もし命令《めいれい》にさからおうものなら、秀吉監督《ひでよしかんとく》はすぐにブチぎれて、尾張弁《おわりべん》でどなりちらします。

「たわけぇ！　なんだぁおみゃー、その顔《かお》は……！　ワシのいうことが聞《き》けんのか。ワシはやれんことはなにもないんだでよぉ。鳴《な》かんかったホトトギスまで鳴《な》かしとるんだで。おみゃーらはみんなワシのいうことを聞《き》いてやっとったらええんだわ」

しかし、こんなスパルタさい配《はい》がいつまでも受《う》けいれられるはずがありません。他人《たにん》をけおとしてなりあがってきた秀吉監督《ひでよしかんとく》の品《ひん》のわるさとひとりよがりな面《めん》についていけずに、チームの良心《りょうしん》として選手《せんしゅ》をささえた千利休《せんのりきゅう》も、しずかに退団《たいだん》してしまいます。

こうしてフロントでは、あいたGM《ジーエム》の席《せき》を、秀吉監督《ひでよしかんとく》の妻《つま》のねねや淀《よど》といった身内《みうち》があらそうようになります。阪神《はんしん》の名物《めいぶつ》ともいわれたお家騒動《いえそうどう》のはじまりです。

そんなじょうきょうでは、きちんとシーズンを戦《たたか》えるはずはありません。前半戦《ぜんはんせん》は好調《こうちょう》だったものの、選手《せんしゅ》たちはつかれきって、後半戦《こうはんせん》はいつのまにか下位《かい》に低迷《ていめい》していきます。

下位《かい》に落《お》ち　つゆと消《き》えにし　わが身《み》かな
難波《なにわ》（阪神《はんしん》）のことも　夢《ゆめ》のまた夢《ゆめ》

こういいのこして、秀吉監督《ひでよしかんとく》はチームをさっていきます。

たたきあげの名選手《めいせんしゅ》も名監督《めいかんとく》にはあらず。それが豊臣《とよとみ》タイガースの野球《やきゅう》です。

オリックス・バファローズ×真田幸村監督《さなだゆきむらかんとく》

秀吉《ひでよし》のように天下人《てんかびと》となったわけではないのに、真田幸村《さなだゆきむら》はバツグンの人気《にんき》と知名度《ちめいど》があります。どうして真田幸村《さなだゆきむら》は、多《おお》くの人《ひと》から支持《しじ》されるのでしょうか？

それは『大坂冬の陣《おおさかふゆのじん》』で、不利《ふり》な軍勢《ぐんぜい》で王者《おうじゃ》・徳川軍《とくがわぐん》に勇《ゆう》かんにいどんだように、強者《きょうしゃ》にも真《ま》っ向勝負《こうしょうぶ》をいどむ「いってまえ精神《せいしん》」があるからです。

そんな真田幸村《さなだゆきむら》ですから、オリックスの監督《かんとく》をつとめてもさい配《はい》は明快《めいかい》。金子千尋選手《かねこちひろせんしゅ》、西勇輝選手《にしゆうきせんしゅ》、東明大貴選手《とうめいだいきせんしゅ》といったエース級《きゅう》の投手《とうしゅ》をどんどんとつぎこんでいくでしょう。戦《たたか》いかたとしては、投手《とうしゅ》のローテーションはきっちりと守《まも》りながら、多少《たしょう》は打《う》たれても真《ま》っ向勝負《こうしょうぶ》をつづけさせていきます。

主軸打者《しゅじくだしゃ》のＴ《ティー》－岡田選手《おかだせんしゅ》や糸井嘉男選手《いといよしおせんしゅ》も、バントやエンドランといった小細工《こざいく》をすることなく、真《ま》っ向《こう》から相手《あいて》にむかっていきます。そんな姿《すがた》に、ファンは拍手《はくしゅ》を送《おく》るでしょう。多《おお》くの人《ひと》が「真田丸《さなだまる》」「オリックス丸《まる》」などといって、もてはやしてくれます。

しかし、見《み》ていておもしろい野球《やきゅう》ですが、じつはかなりやぶれかぶれでモロい戦《たたか》いかたでもあります。ひとりでも故障者《こしょうしゃ》がでれば、チームはガタガタになってしまいます。

もちろん、主力《しゅりょく》の選手《せんしゅ》をおしまずにつぎこむさい配《はい》が真田監督《さなだかんとく》の魅力《みりょく》ともいえますが、天下《てんか》をとる、つまり首位《しゅい》に立《た》てるかというと、かなりむずかしいでしょう。

見《み》ていておもしろい野球《やきゅう》と、勝《しょう》負《ぶ》で結果《けっか》をのこす野球《やきゅう》は、やはり別物《べつもの》なのです。

それでも、試合開始《しあいかいし》から負《ま》けをおそれずに「いってまえ精神《せいしん》」で大《おお》ぶりする選手《せんしゅ》たちの姿《すがた》に、ファンは大満足《だいまんぞく》。それが真田《さなだ》バファローズの野球《やきゅう》です。

もしも、毛利元就《もうりもとなり》が広島東洋《ひろしまとうよう》カープの監督《かんとく》だったら？

ズバリ！

広島《ひろしま》は、「三本《さんぼん》の矢《や》」の教《おし》えで超《スーパー》ディフェンス野球《やきゅう》を完成《かんせい》…

もしも、前田利家《まえだとしいえ》が福岡《ふくおか》ソフトバンクホークスの監督《かんとく》だったら？

ズバリ！

ソフトバンクは、つけいるスキなし！たったひとつの弱点《じゃくてん》は…

広島東洋《ひろしまとうよう》カープ×毛利元就監督《もうりもとなりかんとく》

中国地方《ちゅうごくちほう》の雄《ゆう》として勢力《せいりょく》をしめしていた毛利元就《もうりもとなり》ですが、戦国武将《せんごくぶしょう》のなかでは少《すこ》し地味《じみ》な存在《そんざい》という印象《いんしょう》があります。それは、現在《げんざい》の広島東洋《ひろしまとうよう》カープの緒方孝市監督《おがたこういちかんとく》とかさなって見《み》えるところがあるかもしれません。

毛利元就《もうりもとなり》といえば、３人《にん》の息子《むすこ》たちにむけた「三本《ぼん》の矢《や》」という教訓《きょうくん》が、よく知《し》られています。

「一本《いっぽん》ではすぐに折《お》れてしまうもろい矢《や》でも、束《たば》になればじょうぶでなかなか折《お》れない。それと同《おな》じで、ひとりは弱《よわ》くても、三兄弟《きょうだい》で結束《けっそく》を強《つよ》くしていけば強《つよ》い力《ちから》となる」

毛利元就《もうりもとなり》のこの考《かんが》えかたは、広島《ひろしま》の監督《かんとく》としてもそのまま、チームワークを大事《だいじ》にするというかたちでしめされることになるでしょう。

「選手《せんしゅ》ひとりひとりの力《ちから》は、それほど強《つよ》くなくても、みんながひとつになって結束《けっそく》して戦《たたか》えば、それなりに強《つよ》い力《ちから》になるんじゃやけぇ」

と、ミーティングでもこんなことをよく話《はな》すようになります。

しかも、晩年《ばんねん》には「天下《てんか》とりよりも家名《かめい》の保全《ほぜん》が大事《だいじ》」ということをよく説《と》いていました。そうした考《かんが》えかたですから、攻撃《こうげき》よりもまずはしっかりと守《まも》りをかためていく、スーパーディフェンシブ野球《やきゅう》をつくっていくことになるでしょう。

もともと打力《だりょく》がない広島《ひろしま》です。走者《そうしゃ》がでたら、まずはきっちりと送《おく》りバントで塁《るい》をすすめて、なんとか1点《てん》をとって、少《すく》ない得点《とくてん》を守《まも》りきっていくという、そんな試合《しあい》が多《おお》くなるはずです。

プロ野球《やきゅう》は個性《こせい》の強《つよ》い猛者《もさ》たちの集《あつ》まりだと思《おも》うかもしれませんが、広島《ひろしま》はそうではありません。むしろ、高校野球《こうこうやきゅう》のように、チームワークを大事《だいじ》にして勝《か》っていこうというスタイルです。まさに毛利監督《もうりかんとく》の「三本《ぼん》の矢《や》」の精神《せいしん》がぴったりといっていいでしょう。

そんな毛利監督《もうりかんとく》らしい姿勢《しせい》は、シーズンをとおしても見《み》えてくるはずです。首位《しゅい》あらそいをしながらも、「無理《むり》して首位《しゅい》に立《た》つことはないんじゃやけぇ」といって、2位《い》か3位《い》をキープしながら、クライマックスシリーズにそなえていきます。

ガッチリかたい、守《まも》りにてっした野球《やきゅう》。それが毛利《もうり》カープの野球《やきゅう》です。

福岡《ふくおか》ソフトバンクホークス×前田利家監督《まえだとしいえかんとく》

一方《いっぽう》、「加賀百万石《かがひゃくまんごく》」といわれてリッチな前田利家《まえだとしいえ》が、同《おな》じく資金力《しきんりょく》のあるソフトバンクの監督《かんとく》をまかされたとしたらどうでしょう。いまのソフトバンク球団《きゅうだん》よりも、もっともっとお金《かね》がある金満球団《きんまんきゅうだん》を空想《くうそう》してみてください。

とうぜん、選手《せんしゅ》の年俸《ねんぽう》は球界《きゅうかい》でずばぬけてナンバーワンになります。おそらく、持《も》てる者《もの》の強《つよ》みをフルにつかいながらよゆうの戦《たたか》いをしていくはずです。

戦力補強《せんりょくほきょう》には、やはりお金《かね》がたくさん必要《ひつよう》となります。そのための資金《しきん》がたっぷりあるのですから、利家監督《としいえかんとく》としても安心《あんしん》です。ほかのチームで移籍《いせき》しそうな有力選手《ゆうりょくせんしゅ》がいたら、すぐに獲得《かくとく》に動《うご》きます。

「あの選手《せんしゅ》をうちでとれんかのぉ」

「資金的《しきんてき》にはだいじょうぶかと思《おも》われますが、いかがいたしましょうか」

「そうじゃのぉ、本人《ほんにん》がきたいというんやったら、獲得《かくとく》したれや」

こうして、ほかの球団《きゅうだん》がうらやましがる、大充実《だいじゅうじつ》した戦力《せんりょく》をたくわえていきます。

また、利家監督《としいえかんとく》は戦術的《せんじゅつてき》にこまかいことにはこだわりません。ですから、大《おお》きなドーム球場《きゅうじょう》でも、選手《せんしゅ》たちはのびのびとプレーしていきます。

長距離打者《ちょうきょりだしゃ》は長打《ちょうだ》をねらい、足《あし》のある選手《せんしゅ》はその足《あし》をいかす。

柳田悠岐《やなぎたゆうき》選手《せんしゅ》のようなマルチな選手《せんしゅ》であれば、「3割《わり》、30本塁打《ほんるいだ》、30盗塁《とうるい》」というトリプルスリーもじゅうぶんにねらえるはずです。

さらに、選手《せんしゅ》はとにかくおおぜいいて、よゆうがありますから、なんと三軍《ぐん》まで保有《ほゆう》しています。もしケガをする選手《せんしゅ》がいたとしても、だいじょうぶです。監督《かんとく》は戦力《せんりょく》の心配《しんぱい》をしなくてすみますし、選手《せんしゅ》たちはおたがいに競《きそ》いあいながら、どんどん自分《じぶん》のレベルをあげることができます。

スターぞろいですから、じゅうぶん人気《にんき》もえられるでしょう。

ただし、よゆうがありすぎて、シーズンを戦《たたか》いぬいて天下《てんか》をねらうことより、ひとりひとりの選手《せんしゅ》は美《うつく》しいファインプレーをすることばかり追求《ついきゅう》しはじめてしまうかもしれません。それでも、かぶき者《もの》で美《うつく》しいものが好《す》きだった利家監督《としいえかんとく》ですから、そんなプレーをだれよりもよろこぶにちがいないでしょう。

そうしてファインプレー野球《やきゅう》を追求《ついきゅう》しつつも、ぶあつい選手層《せんしゅそう》のおかげで、チームはよ

ゆうで勝《か》ちつづけます。

ゆいいつ、弱点《じゃくてん》があるとすれば、勝利後《しょうりご》の宴会《えんかい》やビールかけが多《おお》くて、もりあがりすぎて翌日《よくじつ》にヘトヘトの選手《せんしゅ》がでてしまうかもしれない……ということくらいでしょうか。

美《うつく》しいファインプレーが多《おお》くて、めっぽう強《つよ》い。それが前田《まえだ》ホークスの野球《やきゅう》です。

もしも、徳川家康《とくがわいえやす》が中日《ちゅうにち》ドラゴンズの監督《かんとく》だったら？

ズバリ！

中日《ちゅうにち》は、とにかく負《ま》けない家康《いえやす》の「ワシ流《りゅう》」さい配《はい》で…

もしも、坂本龍馬《さかもとりょうま》が北海道日本《ほっかいどうにっぽん》ハムファイターズの監督《かんとく》だったら？

ズバリ！

日本《にっぽん》ハムは、「選手全員《せんしゅぜんいん》二刀流《にとうりゅう》！」宣言《せんげん》!? 超近未来型野球《ちょうきんみらいがたやきゅう》に…

中日《ちゅうにち》ドラゴンズ×徳川家康監督《とくがわいえやすかんとく》

戦国時代《せんごくじだい》の「三英傑《さんえいけつ》」といえば、織田信長《おだのぶなが》、豊臣秀吉《とよとみひでよし》、徳川家康《とくがわいえやす》の３人《にん》です。

じつは、３人《にん》とも愛知県《あいちけん》の出身《しゅっしん》です。地元《じもと》・愛知《あいち》でいちばんの人気者《にんきもの》はやはり信長《のぶなが》で、秀吉《ひでよし》がつづきます。そして、かなり差《さ》があってからやっと家康《いえやす》、という順番《じゅんばん》です。家康《いえやす》はそれくらい地元《じもと》で人気《にんき》がありません。

「家康《いえやす》はタヌキだで、いかんわぁ」

愛知《あいち》の人《ひと》たちはこういって、家康《いえやす》を人《ひと》をだます動物《どうぶつ》、タヌキにたとえます。それは、信《のぶ》長《なが》や秀吉《ひでよし》につかえるふりをしながら、自分《じぶん》が天下人《てんかびと》になる機会《きかい》をいつもうかがっていたという印象《いんしょう》が強《つよ》いからでしょう。

これは、中日《ちゅうにち》がちょうど落合博満《おちあいひろみつ》監督時代《かんとくじだい》に、常勝《じょうしょう》していながらもあまり人気《にんき》がなかったということと似《に》ています。

家康《いえやす》が中日《ちゅうにち》の監督《かんとく》に就任《しゅうにん》すれば、落合監督同様《おちあいかんとくどうよう》、チームはどんどん勝《か》つでしょう。しかし、信長監督《のぶながかんとく》や秀吉監督《ひでよしかんとく》のような、だれも予想《よそう》できない戦術《せんじゅつ》のおもしろさはありません。しっかりとした野球《やきゅう》で、ひとつひとつ勝《か》ち星《ぼし》を確実《かくじつ》につみかさねていくだけです。

「人《ひと》の一生《いっしょう》は重荷《おもに》を負《お》うて、遠《とお》き道《みち》を行《ゆ》くがごとし」

と、家康《いえやす》はこの世《よ》をさるときに、ガマンこそが大切《たいせつ》だということをいっています。

大勝《おおが》ちするか大負《おおま》けするか、そんなはなばなしい戦《たたか》いは好《この》みません。

だれがなんといおうと、自分《じぶん》の石橋《いしばし》をたたいて、それでもわたらないくらいのしんちょうさをつらぬきます。たとえ「家康監督《いえやすかんとく》の野球《やきゅう》はつまらん！」とひはんされようが、気《き》にもとめません。われ関《かん》せず、といった態度《たいど》で、どっかりベンチに座《すわ》っています。

こういうところは、落合監督《おちあいかんとく》のつらぬいた「オレ流《りゅう》」にそっくりの「ワシ流《りゅう》」をつらぬいてくれます。とにかく負《ま》けない、家康《いえやす》の「ワシ流《りゅう》」野球《やきゅう》。そうして天下《てんか》を統一《とういつ》し、長《なが》きにわたっておさめるでしょう。それが徳川《とくがわ》ドラゴンズの野球《やきゅう》です。

北海道日本《ほっかいどうにっぽん》ハムファイターズ×坂本龍馬監督《さかもとりょうまかんとく》

坂本龍馬《さかもとりょうま》は、徳川幕府《とくがわばくふ》がたおれて新政府《しんせいふ》ができようという激動《げきどう》の時代《じだい》を生《い》きた人《ひと》です。あたらしいものごとをとりいれる、開拓者精神《かいたくしゃせいしん》を持《も》った人《ひと》でした。着物《きもの》に靴《くつ》というオリジナリティあふれるファッションで、薩長同盟《さっちょうどうめい》の仲介《ちゅうかい》をしたり、大政奉還《たいせいほうかん》に尽力《じんりょく》したりと、明治維新《めいじいしん》に影響《えいきょう》をあたえ、新政府成立《しんせいふせいりつ》のために大《だい》かつやくした人物《じんぶつ》です。

そんな行動力《こうどうりょく》は、初《はじ》めて北海道《ほっかいどう》にプロ野球球団《やきゅうきゅうだん》をつくった日本《にっぽん》ハムのチャレンジ精神《せいしん》とかさなります。かつて日本《にっぽん》ハムは、メジャー宣言《せんげん》をしていた花巻東高校《はなまきひがしこうこう》の大谷翔平選手《おおたにしょうへいせんしゅ》に対《たい》して、「投手《とうしゅ》と野手《やしゅ》の二刀流《とうりゅう》に挑戦《ちょうせん》してみないか！」というスカウトで、入団《にゅうだん》までこぎつけました。ドラフト会議《かいぎ》では、いつもその年《とし》のナンバーワン選手《せんしゅ》を指名《しめい》しています。

龍馬《りょうま》には、日本《にっぽん》ハムの監督《かんとく》がぴったりでしょう。人《ひと》をあっとおどろかせることが好《す》きな龍馬監督《りょうまかんとく》は、すぐさま選手全員《せんしゅぜんいん》に「二刀流《とうりゅう》」を義務《ぎむ》づけ、最強投手《さいきょうとうしゅ》ローテーションをくむなんてこともあるかもしれません。なにがおこるかわからないぞ、というおもしろさで、ファンを楽《たの》しませてくれそうです。

また、人《ひと》を大切《たいせつ》にする龍馬監督《りょうまかんとく》は、選手《せんしゅ》との対話《たいわ》を大事《だいじ》にして、なやみを聞《き》くこともおこたりません。高校時代《こうこうじだい》に「ハンカチ王子《おうじ》」として甲子園《こうしえん》をさわがせ、バッグンの人気《にんき》をほこるにもかかわらず、プロ入《い》り後《ご》はのびなやんでいる斎藤佑樹選手《さいとうゆうきせんしゅ》も、龍馬監督《りょうまかんとく》のアドバイスでからをやぶってくれるはずです。

龍馬《りょうま》は海外《かいがい》の異文化《いぶんか》をとりいれることにも積極的《せっきょくてき》でした。ですから、いま日本《にっぽん》ハムにい

るメキシコ出身《しゅっしん》のルイス・メンドーサ選手《せんしゅ》やアメリカ出身《しゅっしん》のブランドン・レアード選手《せんしゅ》、台湾《たいわん》出身《しゅっしん》の陽岱鋼《ようだいかん》選手《せんしゅ》だけでなく、アフリカや中東《ちゅうとう》など、これまで日本《にほん》のプロ野球《やきゅう》では考《かんが》えられなかった地域《ちいき》出身《しゅっしん》の外国人《がいこくじん》選手《せんしゅ》を入団《にゅうだん》させて、上手《じょうず》にかつやくさせるでしょう。

東京《とうきょう》オリンピック以降《いこう》の2020年代《ねんだい》にむけた、まさに超《ちょう》近未来型《きんみらいがた》野球《やきゅう》への挑戦《ちょうせん》。それが、龍馬《りょうま》ファイターズの野球《やきゅう》です。

もしも、ペリーが横浜《よこはま》DeNA《ディーエヌエー》ベイスターズの監督《かんとく》だったら？

ズバリ！

横浜《よこはま》は、ホームランとデッドボールでリーグ１位《い》に…

もしも、伊達政宗《だてまさむね》が東北楽天《とうほくらくてん》ゴールデンイーグルスの監督《かんとく》だったら？

ズバリ！

楽天《らくてん》は、みんなから尊敬《そんけい》される伊達男集団《だておとこしゅうだん》に…

横浜《よこはま》DeNA《ディーエヌエー》ベイスターズ×マシュー・ペリー監督《かんとく》

　江戸時代《えどじだい》に鎖国《さこく》をしていて、海外《かいがい》とは交流《こうりゅう》を断《た》っていた日本《にほん》。そこへ、大《おお》きな黒船《くろふね》で太平洋《たいへいよう》をわたって、浦賀沖《うらがおき》に乗《の》りつけてきたのがマシュー・ペリーでした。そして、とつぜんドカンドカンと大砲《たいほう》をうって、日本《にほん》に開国《かいこく》をもとめたのです。

　当時《とうじ》の日本人《にほんじん》にとっては、見《み》たこともない巨大《きょだい》な船《ふね》がきたと思《おも》ったら、いきなり大砲《たいほう》ですもの。おどろかないわけがありません。それがきっかけとなって日本《にほん》は開国《かいこく》へとすすんでいきました。そんなペリーが、浦賀《うらが》に近《ちか》い横浜《よこはま》のDeNA《ディーエヌエー》で監督《かんとく》をしたらどうでしょう？

「サンシンOK《オーケー》！　ホームラン、ホームラン」

と、まるで黒船《くろふね》の大砲《たいほう》のようなホームラン野球《やきゅう》になりそうです。もちろん、筒香嘉智選手《つつごうよしともせんしゅ》は、そんなペリー監督《かんとく》にとって、なくてはならない戦力《せんりょく》です。少《すこ》しくらい空砲《くうほう》（三振《しん》）もかまわないから、「ドンドン一発《いっぱつ》ネラッテ！」とアドバイスして、筒香選手《つつごうせんしゅ》はホームラン王《おう》を獲得《かくとく》するかもしれません。

　ペリーが黒船《くろふね》の大砲《たいほう》で日本《にほん》をおどろかせたのは、「恐怖《きょうふ》にうったえるほうが、友好《ゆうこう》にうったえるより多《おお》くの利点《りてん》があるだろう」と考《かんが》えたからでした。

そんな発想《はっそう》ですから、投手陣《とうしゅじん》には、ぎりぎりの内角《ないかく》に投《な》げるように指示《しじ》します。

「デッドボールOK《オーケー》！　インコース、インコース」

相手《あいて》がのけぞると、「ナイスボール！」などとさけんで大《おお》よろこび。

そして嶺井博希《みねいひろき》捕手《ほしゅ》に、内角攻《ないかくぜ》めのリードをつづけさせます。

これではさすがに相手《あいて》の球団《きゅうだん》もだまっていません。「わざとねらっているだろう！」と、乱闘《らんとう》になることもあるでしょう。ただし、ペリー監督《かんとく》は190センチメートルをこえる大男《おおおとこ》です。乱闘《らんとう》シーンでは、選手以上《せんしゅいじょう》に大《だい》かつやく。それがまた人気《にんき》になるかもしれません。

ダイナミックでおもしろくて、ちょっと乱暴《らんぼう》。それがペリーベイスターズの野球《やきゅう》です。


東北楽天《とうほくらくてん》ゴールデンイーグルス×伊達政宗監督《だてまさむねかんとく》

ワイルドなペリー監督《かんとく》のベイスターズにくらべると、ダンディーな伊達政宗監督《だてまさむねかんとく》の楽天《らくてん》イーグルスは紳士的《しんしてき》です。

政宗《まさむね》は幼少時《ようしょうじ》の病気《びょうき》が原因《げんいん》で右目《みぎめ》を失《うしな》ってしまったことから、「独眼竜政宗《どくがんりゅうまさむね》」とも呼《よ》ばれています。しかし、そのことをハンデと感《かん》じさせないくらい、武将《ぶしょう》としての自信《じしん》がありました。そして、独眼竜《どくがんりゅう》がカッコいいとさえ思《おも》わせる、ダンディズムとリーダーシップを持《も》っていました。

ですから、後世《こうせい》にもたくさん武勇伝《ぶゆうでん》がつたえられているのです。

そんな政宗《まさむね》が、杜《もり》の都仙台《みやこせんだい》をホームにしている楽天《らくてん》の監督《かんとく》をやれば、やはり人気《にんき》を博《はく》すことはまちがいないでしょう。

2011年《ねん》の東日本大震災《ひがしにほんだいしんさい》からの復興《ふっこう》をめざすなかで、野球《やきゅう》ができることはなんだろうかと考《かんが》えて、「見《み》せましょう、野球《やきゅう》の底力《そこぢから》を！」とすばらしいメッセージを発信《はっしん》し、復興《ふっこう》をめざす東北《とうほく》の人《ひと》たちに勇気《ゆうき》をあたえた嶋基宏選手《しまもとひろせんしゅ》。彼《かれ》は、政宗監督《まさむねかんとく》に負《ま》けないくらいダンディーで紳士的《しんしてき》ですから、伊達《だて》イーグルスの中心選手《ちゅうしんせんしゅ》となります。

政宗《まさむね》は戦国時代《せんごくじだい》、豊臣秀吉《とよとみひでよし》や徳川家康《とくがわいえやす》といった天下人《てんかびと》たちと上手《じょうず》に距離《きょり》をとりつつも、たくみにつきあいを深《ふか》めていきました。そんなスタイルは、野球《やきゅう》でもじゅうぶんに発揮《はっき》されるでしょう。いつも3位《い》か、4位《い》あたりにいて、上位《じょうい》チームに勝《か》ったり負《ま》けたりしながら、大《おお》きくゲーム差《さ》をひらかれることなくついていきます。

ただ、いきおいをつけて一気《いっき》に首位《しゅい》にのぼりつめていってしまうのかと思《おも》うと、なかな

かそうはいきません。相手《あいて》をふんづけるようなことはせず、つねにフェアプレー精神《せいしん》で戦《たたか》います。そのあたりが、政宗監督《まさむねかんとく》のダンディズムなのです。
　そんなけんきょな姿勢《しせい》ですから、つねに相手《あいて》チームからも敬意《けいい》を表《ひょう》してもらえるでしょう。
　チームが勝《か》とうが負《ま》けようが、その戦《たたか》いかたとたたずまいで、ファンからも対戦相手《たいせんあいて》からも愛《あい》される、まさに伊達男集団《だておとこしゅうだん》。それが伊達《だて》イーグルスの野球《やきゅう》です。

第《だい》2章《しょう》

少年野球編《しょうねんやきゅうへん》

もしも、強豪《きょうごう》少年《しょうねん》野球《やきゅう》チームVS
弱小《じゃくしょう》高校《こうこう》野球《やきゅう》チームで
試合《しあい》をしたら？

ズバリ！

小学生《しょうがくせい》チームの投手《とうしゅ》しだいでは、
少年《しょうねん》野球《やきゅう》が勝《か》つことも…

野球《やきゅう》の勝敗《しょうはい》は、投手力《とうしゅりょく》で大半《たいはん》がきまるとよくいわれます。

それは、どんなレベルの野球《やきゅう》の試合《しあい》であっても同《おな》じです。

なぜ、投手《とうしゅ》の力《ちから》が勝《か》ち負《ま》けを左右《さゆう》するのでしょうか？

それは、野球《やきゅう》の試合《しあい》が、アウトをつみかさねていくゲームだからです。高校野球《こうこうやきゅう》は27個《こ》、7回までの少年野球《しょうねんやきゅう》は21個《こ》の相手《あいて》のアウトをとれば、試合《しあい》は終了《しゅうりょう》です。そしてそのアウトは、投手《とうしゅ》が打者《だしゃ》を三振《しん》にしたり、打《う》ちとったりしてつみかさねていきます。

打者《だしゃ》の場合《ばあい》は、3割《わり》を打《う》てればいい選手《せんしゅ》といわれます。これは、逆《ぎゃく》にいうと、3打席《だせき》に二度《ど》はアウトになってもいいということです。だから攻撃《こうげき》している側《がわ》は、三振《しん》したり打《う》ちとられたりしても、つぎの打席《だせき》でまた打《う》てばいい、というよゆうがあります。

ところが、投手《とうしゅ》の場合《ばあい》は、一度《ど》アウトをとりそこなうと、それだけ相手《あいて》に得点《とくてん》のチャンスをあたえてしまうことになります。フォアボールをだせば、相手《あいて》をアウトにする機会《きかい》をみずから失《うしな》うことになってしまいます。ですから、投手《とうしゅ》にとってはひとつひとつのアウトをつみかさねることがとても大切《たいせつ》で、その投手《とうしゅ》の力《ちから》で試合《しあい》の勝敗《しょうはい》もきまってくるのです。

では、毎週《まいしゅう》しっかりと練習《れんしゅう》していて、フォアボールをださない制球力《せいきゅうりょく》のある投手《とうしゅ》がいる小学生《しょうがくせい》の強豪《きょうごう》チームと、高校野球《こうこうやきゅう》の地区大会《ちくたいかい》1回戦《かいせん》で敗退《はいたい》するクラスの高校生《こうこうせい》チームとの試合《しあい》を考《かんが》えてみましょう。

小学生《しょうがくせい》の投手《とうしゅ》ですから、それほど投球《とうきゅう》のスピードはありません。それでも、ストライクゾーンにきちんと投《な》げつづければ、高校生《こうこうせい》チームの打者《だしゃ》もしっかりと打《う》ちとれるはずです。高校生《こうこうせい》とはいえども、打《う》ち損《そん》じも多《おお》いはずですし、地《ち》をはうようなするどい打球《だきゅう》がくるということは、ほとんどないでしょう。少年野球《しょうねんやきゅう》の強豪《きょうごう》チームの選手《せんしゅ》であれば、ちゃんと捕《ほ》球《きゅう》のかまえができているので、おちついてとってアウトにできます。

そして攻撃《こうげき》のほうですが、やはり高校生《こうこうせい》ですから球《たま》の速《はや》さがちがいます。はじめは打《う》ちにくいと思《おも》うかもしれません。しかし、三度打席《どだせき》がまわってくれば、打《う》ちかえせることもあるはずです。高校野球《こうこうやきゅう》でも弱小《じゃくしょう》のチームですから、エラーも多《おお》く、小学生《しょうがくせい》チームのヒットになることもあるでしょう。

それに、高校生投手《こうこうせいとうしゅ》はそれほどコントロールがしっかりしているとは思《おも》えません。まして、身体《からだ》が小《ち》さくて、ストライクゾーンがせまい小学生《しょうがくせい》が相手《あいて》です。そんなせまいストライクゾーンに対《たい》しては投《な》げなれていないでしょうから、コントロールを乱《みだ》して、フォア

ボールをだすことも多《おお》いでしょう。フォアボールをおそれて、真《ま》ん中《なか》に球《たま》が集中《しゅうちゅう》してしまえば、小学生《しょうがくせい》でもしっかりと打《う》てるはずです。
こうしてみると、小学生《しょうがくせい》チームでも、高校野球《こうこうやきゅう》の地区大会《ちくたいかい》1回戦《かいせん》で敗退《はいたい》するようなチーム相手《あいて》であれば、じゅうぶんに勝機《しょうき》はあるということです。
体格《たいかく》も年齢《ねんれい》もぜんぜんちがう小《しょう》学生《がくせい》が、高校生《こうこうせい》に勝《か》てるかもしれない。こんなチームスポーツは、ほかにありません。

もしも、強豪《きょうごう》少年《しょうねん》野球《やきゅう》チームVS強豪《きょうごう》高校《こうこう》女子《じょし》ソフトボールチームで試合《しあい》をしたら？

ズバリ！

野球《やきゅう》もソフトボールも、少年《しょうねん》野球《やきゅう》チームが負《ま》け…

では、高校女子《こうこうじょし》のソフトボールチームと試合《しあい》をしたらどうなるでしょうか？高校女子《こうこうじょし》ソフトボールで全国大会出場《ぜんこくたいかいしゅつじょう》レベルのチームが相手《あいて》であれば、たとえ全国優勝《ぜんこくゆうしょう》しているレベルの小学生《しょうがくせい》チームでも勝《か》てないと思《おも》います。

それは、野球《やきゅう》の試合《しあい》をしてもソフトボールの試合《しあい》をしても、同《おな》じことです。野球《やきゅう》の対決《たいけつ》なら、ソフトボールの選手《せんしゅ》たちは野球《やきゅう》の投手《とうしゅ》のオーバースローにとまどってあまり打《う》てず、得点《とくてん》はいらないでしょう。しかし、女子《じょし》ソフトボールの選手《せんしゅ》は、野球《やきゅう》の投手《とうしゅ》としてマウンドに立《た》てば、ある程度《ていど》はオーバーハンドで投《な》げられるはずです。

かつて、高校女子《こうこうじょし》ソフトボール部《ぶ》の部員《ぶいん》たちが、高校女子野球大会《こうこうじょしやきゅうたいかい》に助《すけ》っ人《と》としてでていた時代《じだい》がありました。そのときは実際《じっさい》、内野手《ないやしゅ》で肩《かた》の強《つよ》いソフトボールの選手《せんしゅ》が、マウンドに立《た》ってしっかりとオーバーハンドで投《な》げていました。

また、ソフトボールでは塁間《るいかん》が短《みじか》いので、捕球《ほきゅう》してから送球《そうきゅう》するまでの動《うご》きはすばやくなります。そのスピードは、そのまま野球《やきゅう》にもいかせます。ですから、守《まも》りもしっかりとできるでしょう。投手《とうしゅ》がフォアボールなどでくずれないかぎりは、高校女子《こうこうじょし》ソフトボールのチームがなんらかのかたちで得点《とくてん》して勝《か》つでしょう。

ただし、ソフトボールの場合《ばあい》はリード（離塁《りるい》）ができないので、出塁《しゅつるい》したときにリードをとる、という感覚《かんかく》がなかなか身《み》につかないかもしれません。リードしている走者《そうしゃ》への対応《たいおう》も、すぐにはできないでしょう。小学生《しょうがくせい》チームとしては、そこをこまかくついていけば、勝《か》てるチャンスがあるかもしれません。

では、ソフトボールで対決《たいけつ》してみたらどうでしょうか？ おそらく少年野球《しょうねんやきゅう》チームは、高校女子《こうこうじょし》ソフトボールの投手《とうしゅ》のウインドミル投法《とうほう》（腕《うで》をぐるっとまわして下《した》からスピードあるボールを投《な》げてくる、ソフトボール独特《どくとく》の投《な》げかた）にとまどって、まったく手《て》がでないでしょう。足《あし》をふみだしてステップする打者《だしゃ》だと、そのタイミングがわかるまでに5打席《だせき》くらいかかるかもしれません。

ところが、ソフトボールのイニングは7回《かい》まで。そんなに打席《だせき》がまわってこないうちに試合《しあい》は終《お》わってしまいます。

結果的《けっかてき》には、野球《やきゅう》の試合《しあい》でもソフトボールの試合《しあい》でも、高校女子《こうこうじょし》ソフトボールチームが快勝《かいしょう》しているということになるでしょう。

もしも、少年《しょうねん》野球《やきゅう》18人《にん》VS
プロ野球《やきゅう》3人《にん》で
試合《しあい》をしたら？

ズバリ！

小学生《しょうがくせい》が束《たば》になってかかっても、
やっぱりプロ野球《やきゅう》が…

プロ野球選手《やきゅうせんしゅ》は、少年野球選手《しょうねんやきゅうせんしゅ》たちのあこがれです。野球《やきゅう》の能力《のうりょく》がきわめて高《たか》い人《ひと》たちのなかから、さらに選《えら》びぬかれた、まさにエリートです。ですから、たとえプロ３人《にん》だけのチームでも、６倍《ばい》の人数《にんずう》の18人《にん》の少年野球《しょうねんやきゅう》チームにだって勝《か》ってしまうでしょう。

プロ野球選手《やきゅうせんしゅ》チームは３人《にん》ですから、バッテリーとあとはひとりしか守《まも》っていない状態《じょうたい》ですね。それでも、プロの投手《とうしゅ》はそのひとりが守《まも》っているところへ打《う》たせるように投《な》げることができます。ですから、かんたんにアウトがとれてしまうんですね。

プロチームは３人《にん》でどのように守備《しゅび》をするのか、説明《せつめい》しましょう。

ひとり守《まも》っている野手《やしゅ》が三遊間付近《ゆうかんふきん》にいたとします。そうすると、投手《とうしゅ》は、三遊間《ゆうかん》へ打《う》たせるように投球《とうきゅう》してきます。それを人《ひと》がいないところにねらって打《う》ちかえそうとしても、少年野球《しょうねんやきゅう》の選手《せんしゅ》は空《から》ぶりするか、よくても投手《とうしゅ》ゴロになってしまうでしょう。

三遊間方向《さんゆうかんほうこう》へ打《う》ったとしたら、その瞬間《しゅんかん》に投手《とうしゅ》は一塁《るい》ベースへむかって走《はし》っていきます。そして、野手《やしゅ》は捕球《ほきゅう》して、投手《とうしゅ》が一塁《るい》ベースに到着《とうちゃく》するところへ送球《そうきゅう》すればアウトはとれてしまいます。

では、少年野球《しょうねんやきゅう》チームの左打者《ひだりだしゃ》でバントの上手《じょうず》な選手《せんしゅ》にはどう対処《たいしょ》するのでしょうか。

まず、左打者《ひだりだしゃ》の場合《ばあい》、三塁線《るいせん》へバントをして、バットにボールがあたると同時《どうじ》に打者《だしゃ》はスタートをきります。ただし、そんな場面《ばめん》では、プロ野球《やきゅう》チームの投手《とうしゅ》はとうぜんのことながらバントを意識《いしき》しています。ですから、投手《とうしゅ》は投球《とうきゅう》と同時《どうじ》に、バント処理《しょり》をするために三塁方向《るいほうこう》に走《はし》りはじめるでしょう。

うしろで守《まも》っている野手《やしゅ》は、バスター打法《だほう》でバントからヒッティングにきりかえた場合《ばあい》の打球《だきゅう》にそなえて、あえてバント処理《しょり》の動《うご》きはしないでしょう。そうすると、投手《とうしゅ》がバントボールをとったとして、一塁送球《るいそうきゅう》はどうなるのかということになりますが、そこもプロ野球《やきゅう》チームはしっかり対策《たいさく》をねってきます。

打者《だしゃ》がバントをする動《うご》きが見《み》えたら、捕手《ほしゅ》は腰《こし》をうかせて、バントと同時《どうじ》に投手《とうしゅ》からの送球《そうきゅう》にそなえて一塁《るい》へ走《はし》りだします。

走力《そうりょく》なら、小学生《しょうがくせい》で足《あし》の速《はや》い選手《せんしゅ》よりも、プロ野球《やきゅう》の捕手《ほしゅ》のほうが速《はや》いはずです。少《すく》なくとも併走《へいそう》（いっしょにならんで走《はし》ること）になれば、プロ捕手《ほしゅ》のほうが有利《ゆうり》です。少年《しょうねん》野球《やきゅう》チームの選手《せんしゅ》が、プロの捕手《ほしゅ》に走《はし》り勝《か》って一塁《るい》ベースをさきにふむということは、よほど足《あし》の速《はや》い選手《せんしゅ》でないとむずかしいでしょう。

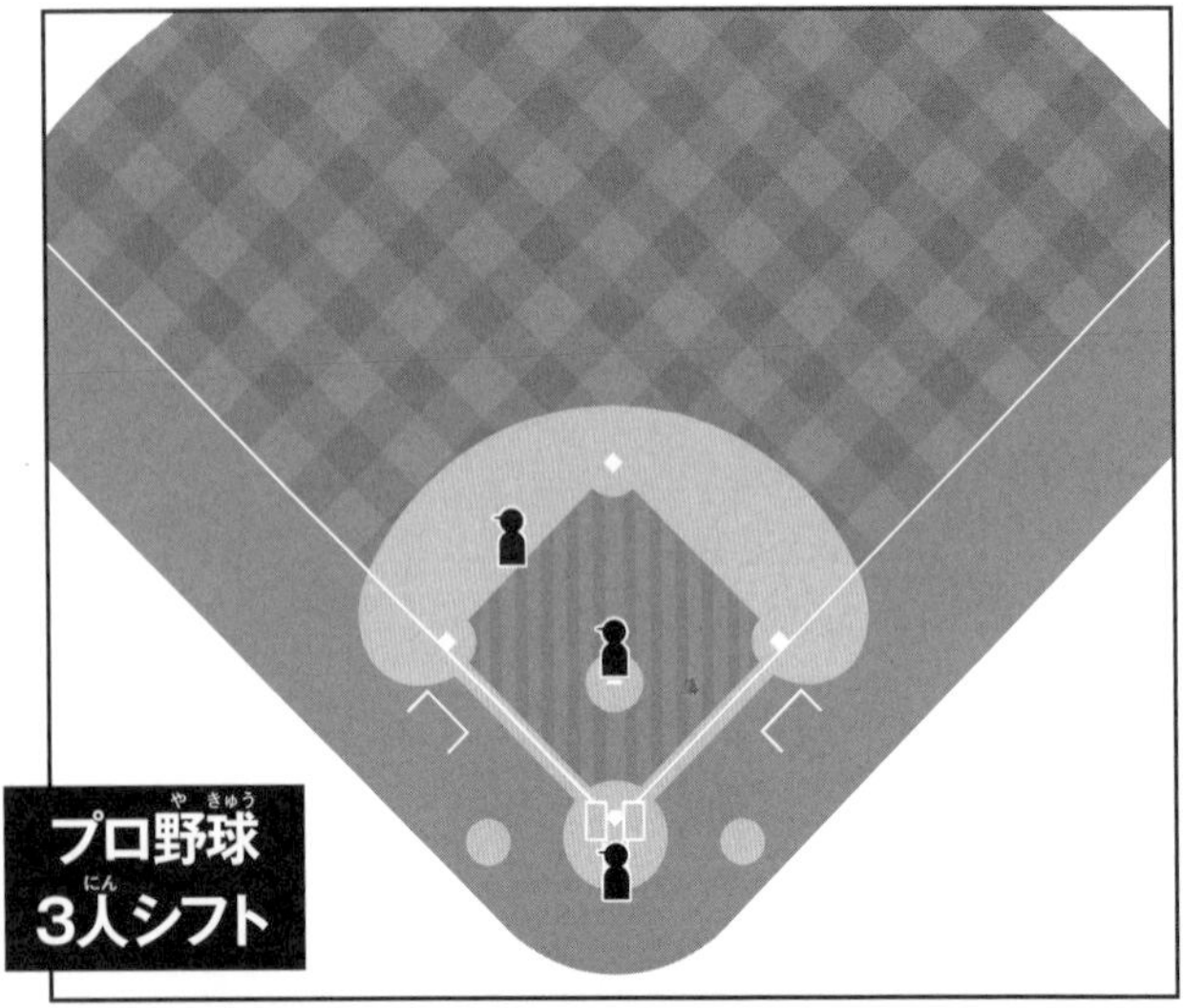
プロ野球《やきゅう》
3人《にん》シフト

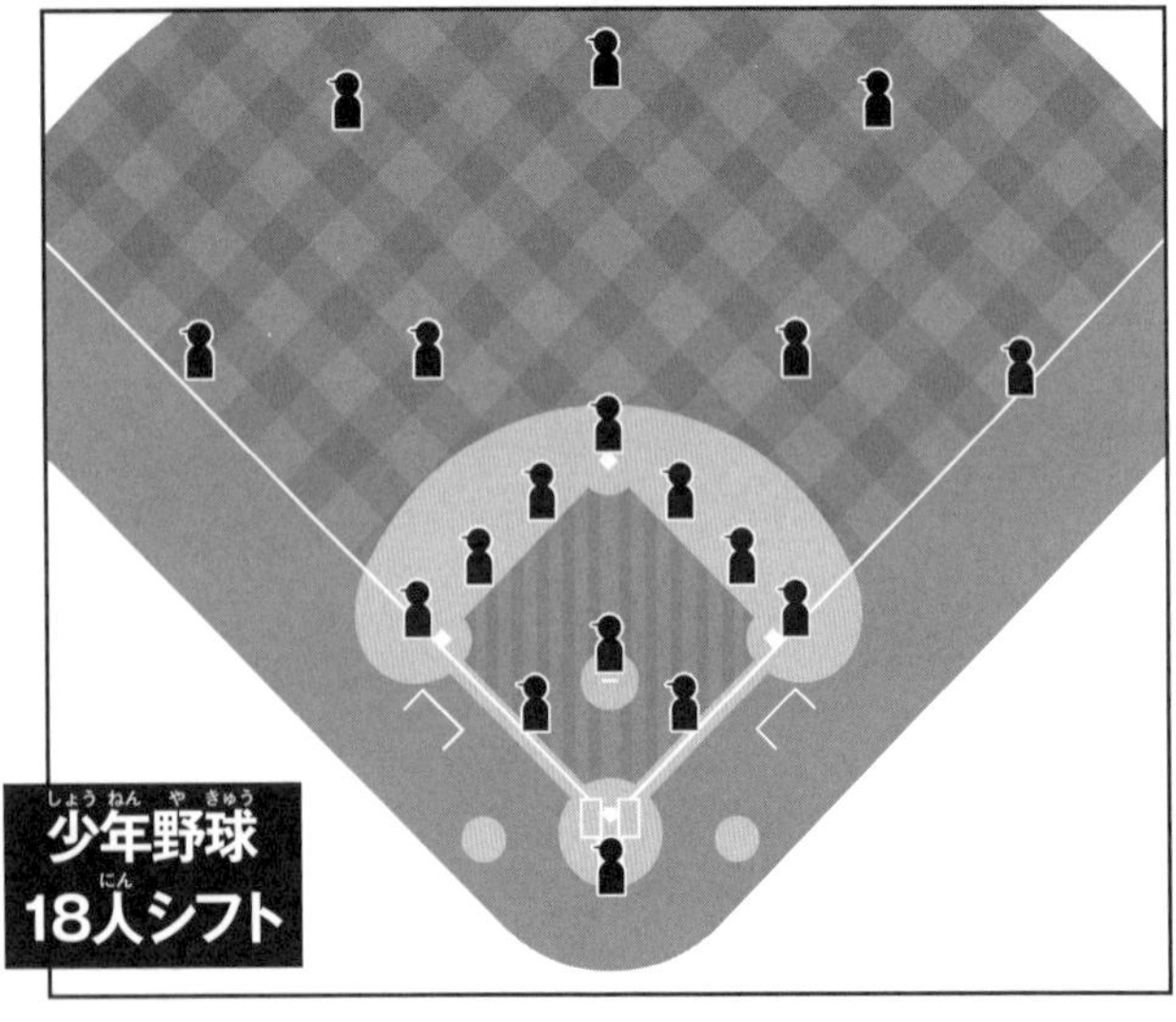
少年野球《しょうねんやきゅう》
18人《にん》シフト

そもそも、少年野球《しょうねんやきゅう》チームのほとんどの打者《だしゃ》は三振《しん》でアウトになってしまいます。

ただ、何回《なんかい》かに一度《ど》は、少年野球《しょうねんやきゅう》チームのポテンヒットやバントなど、トリッキーな技《わざ》が成功《せいこう》することもあるかもしれません。ただ、それがつづく確率《かくりつ》はかなり低《ひく》いでしょう。

それに、たまたま運《うん》よく走者《そうしゃ》がでて、もし塁《るい》がうまったとしても、そこから得点《とくてん》をあたえない守《まも》りかたをプロ野球《やきゅう》チームはとうぜん考《かんが》えてきます。

最終的《さいしゅうてき》には、満塁《まんるい》になっても本塁《ほんるい》でフォースアウトをとればいいわけですから、外野《がいや》まではこばれないようにすれば、失点《しってん》はしません。

これに対《たい》して、少年野球《しょうねんやきゅう》チームがプロ野球《やきゅう》チームの打線《だせん》をおさえていくのは、非常《ひじょう》にむずかしいことです。プロ野球《やきゅう》チームは、少年野球《しょうねんやきゅう》チームの投手《とうしゅ》の投球《とうきゅう》はかんたんに打《う》てるでしょうから、長打《ちょうだ》でつないで得点《とくてん》はとりほうだいです。

少年力士《しょうねんりきし》が、大相撲《おおずもう》の幕内力士《まくうちりきし》にいどんでいるのをテレビで見《み》たことがあるでしょう。5人《にん》、10人《にん》で束《たば》になってかかっていっても、つぎつぎに土俵《どひょう》の外《そと》に投《な》げられてしまいます。大相撲《おおずもう》の関取《せきとり》にとっては遊《あそ》んでいるようなもので、すずしい顔《かお》をしています。

野球《やきゅう》でも、少年野球《しょうねんやきゅう》とプロ野球《やきゅう》では、それぐらいの実力差《じつりょくさ》があるということですね。

もしも、日本《にほん》一《いち》足《あし》の速《はや》い小学生《しょうがくせい》が少年《しょうねん》野球《やきゅう》をしたら？

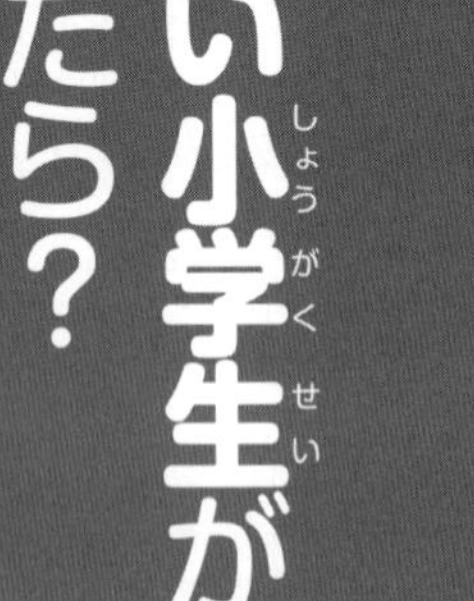

ズバリ！

走塁《そうるい》技術《ぎじゅつ》を学《まな》べば、盗塁《とうるい》成功率《せいこうりつ》95%《パーセント》以上《いじょう》も…

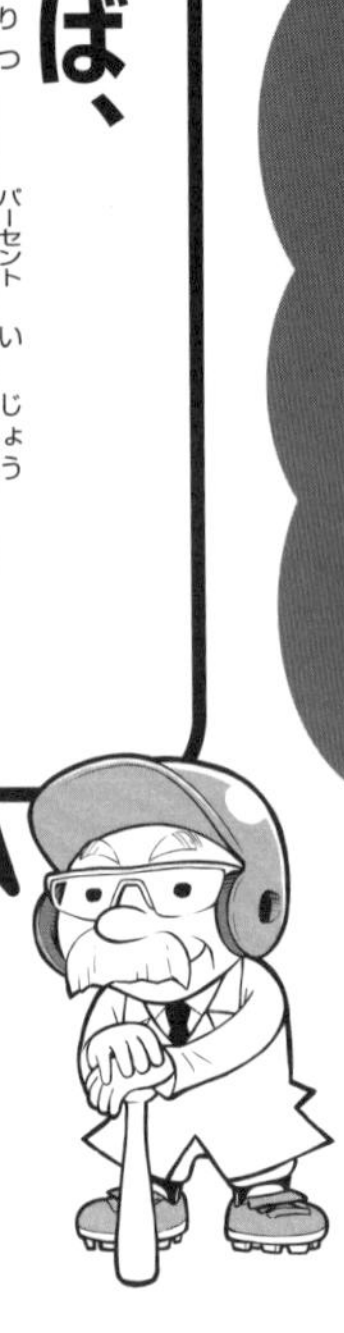

プロ野球《やきゅう》のスカウトたちは、選手《せんしゅ》を獲得《かくとく》するときに足《あし》の速《はや》さをかなり重要《じゅうよう》な要素《ようそ》としてとらえています。いつもストップウォッチを片手《かたて》に、ねらう選手《せんしゅ》の足《あし》の速《はや》さに注目《ちゅうもく》しています。野球選手《やきゅうせんしゅ》にとって、足《あし》が速《はや》いということは、とても大《おお》きな武器《ぶき》になるのです。

小学生《しょうがくせい》で足《あし》が速《はや》いということは、基本的《きほんてき》にはすぐれた運動能力《うんどうのうりょく》を持《も》っているといえるでしょう。ですから、たとえば走《はし》るのは学校《がっこう》でいちばん速《はや》いけど、野球《やきゅう》のことはなにも知《し》らないという子《こ》でも、野球《やきゅう》の基本的《きほんてき》な動作《どうさ》とポジションどりなど技術《ぎじゅつ》をじっくり教《おし》えれば、すばらしい野球《やきゅう》の選手《せんしゅ》になるでしょう。

それは、ただたんに盗塁《とうるい》が成功《せいこう》しやすいとか、ぼてぼての打球《だきゅう》でもヒットにできるとかということだけではありません。野球《やきゅう》の動作《どうさ》すべてにおいて、足《あし》が速《はや》いという能力《のうりょく》が発揮《はっき》できるのです。

外野手《がいやしゅ》をすれば、打球《だきゅう》に対《たい》しての反応《はんのう》さえまちがわなければ、ボールを追《お》いかけていくスピードも速《はや》いですから、守備範囲《しゅびはんい》がケタちがいにひろいです。それは、2015年《ねん》の甲子園《こうしえん》でかつやくした関東第一《かんとうだい》の俊足外野手《しゅんそくがいやしゅ》・オコエ瑠偉選手《るいせんしゅ》（現《げん》・楽天《らくてん》）のプレーを思《おも》いおこせばわかりやすいでしょう。

ふつうの外野手《がいやしゅ》なら抜《ぬ》けてしまっているような打球《だきゅう》でも、反応《はんのう》して捕球《ほきゅう》できます。ファウルのときも同《おな》じです。ふつうならとどかないようなファウルフライに対《たい》しても、ぎりぎりまで追《お》っていくことができます。うしろで守《まも》っていれば、ヒットをアウトにしてしまう守備《しゅび》で、まちがいなく投手《とうしゅ》も大助《おおだす》かりです。

内野手《ないやしゅ》をしても、やはりひろい守備範囲《しゅびはんい》で守《まも》れるはずです。するどいゴロの打球《だきゅう》に対《たい》しても、強《きょう》じんな足腰《あしこし》のバネですばやい一歩目《いっぽめ》をふみだせます。高《たか》い瞬発力《しゅんぱつりょく》で、ひろく速《はや》く動《うご》けますから、ふつうなら外野《がいや》へ抜《ぬ》ける打球《だきゅう》でもとることができるでしょう。

ただ、チームのメンバー編成《へんせい》にもよりますが、いちばん足《あし》の速《はや》い小学生《しょうがくせい》であれば、やはりセンターを守《まも》るのがベストではないでしょうか。

打者《だしゃ》としては1番打者《ばんだしゃ》で圧倒的《あっとうてき》な戦力《せんりょく》になるはずです。盗塁《とうるい》のスタートとスライディングの練習《れんしゅう》さえしっかりしておけば、フォアボールや単打《たんだ》で出塁《しゅつるい》できれば、すぐに盗塁《とうるい》などで三塁《るい》へすすむことができるでしょう。

走者《そうしゃ》が気《き》になって打者《だしゃ》に集中《しゅうちゅう》できない。相手投手《あいてとうしゅ》にとっては、きょうい的《てき》な存在《そんざい》になることはまちがいないですね。

もしも、日《に》本《ほん》一《いち》頭《あたま》のいい小《しょう》学《がく》生《せい》が少《しょう》年《ねん》野《や》球《きゅう》をしたら？

ズバリ！

ベンチにひとりいれば…

もしも、日本《にほん》でいちばん頭《あたま》のいい小学生《しょうがくせい》がチームにいたら、たしかに戦術《せんじゅつ》や戦略《せんりゃく》についての理解《りかい》ははやいでしょう。また、それをチームメートに上手《じょうず》につたえることもできるでしょう。

しかし、それを各選手《かくせんしゅ》がプレーとして実行《じっこう》できるかどうかというと疑問《ぎもん》がでてきます。理論《りろん》だけが先行《せんこう》してしまって、実際《じっさい》のプレーがともなわないものになってしまいかねません。そうなれば、かえってチームに混乱《こんらん》をまねいてしまいます。

「こうやったら、こうなるはず」という理論《りろん》が、そのとおりにいかないのが野球《やきゅう》のおもしろいところでもあるのです。野球《やきゅう》は、スポーツのなかでも「人《ひと》」が関《かか》わる要素《ようそ》がもっとも多《おお》いといわれています。それが野球《やきゅう》というスポーツをおもしろくしています。

ミスをしたり、思《おも》いどおりにいかないときに、「人《ひと》」である選手《せんしゅ》や監督《かんとく》がどのような対《たい》処《しょ》をするのか、そしてどうしてそうしたのか？　それを考《かんが》えるのも、野球《やきゅう》のだいご味《み》のひとつだったりします。

多《おお》くのスポーツと野球《やきゅう》とのいちばんのちがいはなんでしょうか。

それは、得点《とくてん》シーンです。

サッカーやバスケットボールでは、ボールがゴールにはいったとき、バレーボールでは床《ゆか》にボールがたたきつけられたときに得点《とくてん》となります。しかし、野球《やきゅう》だけは「人《ひと》」がホームにかえってくると得点《とくてん》になるのです。打者《だしゃ》は、塁《るい》にいる走者《そうしゃ》を「ア、イ、ツを本塁《ほんるい》へかえさなくては……」という思《おも》いで打席《だせき》にむかいます。

そして、野球《やきゅう》においていちばん楽《らく》な得点《とくてん》シーンは、得点現場《とくてんげんば》（ホーム）からボールがもっとも遠《とお》くにあるホームランのときです。いちばんきびしい得点《とくてん》シーンは、本塁《ほんるい》でのクロスプレーです。そのどちらも得点《とくてん》に変《か》わりはありません。

つまり、ボールをコントロールすることも大切《たいせつ》なのですが、そのボールの動《うご》きにあわせて「人《ひと》」がどう動《うご》くかが大事《だいじ》なのです。このように、「人《ひと》が点《てん》になる」というところに野《や》球《きゅう》のおもしろさがあるのです。

人《ひと》が得点《とくてん》になる筋書《すじが》きのない野球《やきゅう》だからこそ、理論《りろん》どおりにならないことが多《おお》くあります。しかし、頭《あたま》のいい小学生《しょうがくせい》がまったく役《やく》に立《た》たないわけではありません。

頭《あたま》がよければ、記憶力《きおくりょく》にも長《た》けているでしょう。前《まえ》の打席《だせき》でこの選手《せんしゅ》はなにをしてきた

のか、どんな球《たま》を、どの方向《ほうこう》へ打《う》っていったのか……。

そうした相手《あいて》の分析《ぶんせき》は、つぎの戦術《せんじゅつ》をきめるために必要《ひつよう》です。記《き》憶力《おくりょく》をいかして正《ただ》しい分析《ぶんせき》ができれば、やはり頭《あたま》のいい子《こ》はベンチにいるだけでもじゅうぶんに戦力《せんりょく》となるでしょう。

野球《やきゅう》というスポーツのとくちょうを理解《りかい》して、そのことを深《ふか》く考《かんが》えていければ、すごい運動能力《うんどうのうりょく》を持《も》ってなくても、日本《にほん》一頭《あたま》のいい小学生《しょうがくせい》がかつやくする場《ば》はおおいにあります。

もしも、小《しょう》学《がく》生《せい》が男《だん》子《し》vs女《じょ》子《し》で試《し》合《あい》をしたら？

ズバリ！

小《しょう》学《がく》4～5年《ねん》生《せい》くらいまでは女《じょ》子《し》が勝《か》つことも…

男子《だんし》と女子《じょし》の身体能力《しんたいのうりょく》でいちばんちがうのは、筋肉《きんにく》の力《ちから》です。その筋力《きんりょく》に差《さ》がではじめるのは大体《だいたい》13歳《さい》から15歳《さい》くらい、つまり、中学生《ちゅうがくせい》のときです。ということは、それ以前《いぜん》の小学生《しょうがくせい》は、それほど筋力《きんりょく》の差《さ》がないということがいえます。

小学生《しょうがくせい》でも高学年《こうがくねん》になると、体育《たいいく》の授業《じゅぎょう》で男女《だんじょ》が別《べつ》になることがありますが、それは筋《きん》力《りょく》のちがいがではじめてきているからです。だけど、低学年《ていがくねん》のうちはいっしょに授業《じゅぎょう》をやっているところが多《おお》いはずです。それは、低学年《ていがくねん》のころは、男子《だんし》と女子《じょし》の筋力《きんりょく》の差《さ》が、まだほとんどないからなのです。

昔《むかし》のことわざで、「一姫《ひめ》二太郎《たろう》」という言葉《ことば》があります。どういう意味《いみ》かというと、一番目《ばんめ》の子供《こども》は「姫《ひめ》」、つまり女《おんな》の子《こ》のほうがいい、そして二番目《ばんめ》には「太郎《たろう》」、つまり男《おとこ》の子《こ》のほうがいい、ということです。昔《むかし》の人《ひと》にとっては、この順番《じゅんばん》が理想《りそう》だったのです。

じつは、おさないうちは男《おとこ》の子《こ》よりも女《おんな》の子《こ》のほうがじょうぶだといわれています。ですから、初《はじ》めての子育《こそだ》ては女《おんな》の子《こ》のほうが楽《らく》だ、と考《かんが》えられていました。夜泣《よな》きをしたり、カゼをひきやすかったりするのも、どちらかというと男《おとこ》の子《こ》のほうが多《おお》いといわれていました。

最初《さいしょ》に女《おんな》の子《こ》で子育《こそだ》てになれておいて、つぎに男《おとこ》の子《こ》を育《そだ》てれば、経験《けいけん》があるので多少《たしょう》のことではあわてないですむ。そういうことをつたえようとして昔《むかし》の人《ひと》が考《かんが》えた言葉《ことば》が、「一姫《ひめ》二太郎《たろう》」ということわざなのです。

それに、女《おんな》の子《こ》のほうがめんどう見《み》がよく、下《した》の子《こ》を可愛《かわい》がってみてくれるということもあったでしょう。

もちろん、ことわざですから、かならずしもそのとおりではありません。それでも、その背景《はいけい》には女《おんな》の子《こ》のほうが子供《こども》としての成長《せいちょう》もはやいという事実《じじつ》もあったのです。

そう考《かんが》えると、小学生《しょうがくせい》で同《おな》じ学年《がくねん》の男子《だんし》のチームと女子《じょし》のチームが試合《しあい》をしたとしたら、4～5年生《ねんせい》くらいまでは女子《じょし》チームのほうが勝《か》つ可能性《かのうせい》はとうぜんあります。

かつて、男《おとこ》の子《こ》の兄弟《きょうだい》が多《おお》かった時代《じだい》には、よく兄弟《きょうだい》のあいだで競争《きょうそう》がありましたから、男《おとこ》の子《こ》は自然《しぜん》に負《ま》けん気《き》が育《そだ》てられていきました。とくに、次男《じなん》や三男《なん》は、お兄《にい》ちゃんと同《おな》じことをしたいという気持《きも》ちで、無理《むり》して兄《あに》のまねをしていました。野球《やきゅう》の球《たま》の投《な》げかたや打《う》ちかたなども、なんとか負《ま》けないように、子供《こども》なりに工夫《くふう》をして覚《おぼ》えたものです。

次男《じなん》や三男《なん》が多《おお》い男子《だんし》チームであれば、女子《じょし》チームに負《ま》けないで勝《か》とうという意識《いしき》になっていたかもしれません。

しかし、現在《げんざい》では、少子化《しょうしか》で兄弟《きょうだい》が少《すく》なくなってきています。子供《こども》はみんな大切《たいせつ》に育《そだ》てられていますから、おさないうちは競争心《きょうそうしん》が育《そだ》っていません。ですから試合《しあい》では、身体《からだ》の成長《せいちょう》の差《さ》がそのまま反映《はんえい》されてきてしまいます。そうすると、男《おとこ》の子《こ》より身体《からだ》が成長《せいちょう》した女《おんな》の子《こ》が多《おお》ければ、女子《じょし》チームが勝《か》つでしょう。

実際《じっさい》に、ある学校《がっこう》の体育《たいいく》の授業《じゅぎょう》で、小学《しょうがく》4年生《ねんせい》の生徒《せいと》たちが、男女《だんじょ》それぞれの単独《たんどく》チームでドッジボール大会《たいかい》をしたことがありました。2クラスで4チームずつ、全《ぜん》8チームで戦《たたか》ったのですが、優勝《ゆうしょう》したのは女《おんな》の子《こ》たちのチームでした。

同《おな》じ4年生《ねんせい》でも、ひとりひとり成長《せいちょう》の差《さ》があります。また、もともとの運動能力《うんどうのうりょく》の差《さ》もあります。ただ、そのドッジボール大会《たいかい》では、女子《じょし》チームのなかでは運動《うんどう》の得意《とくい》な子《こ》が、苦手《にがて》な子《こ》をかばってフォローしていこう、という気持《きも》ちが男子《だんし》チームよりも強《つよ》くでていたようです。

小学生《しょうがくせい》の男《おとこ》の子《こ》は、ほかの男子《だんし》より成長《せいちょう》がはやくて運動能力《うんどうのうりょく》にすぐれていると、「オレが、オレが！」という気持《きも》ちが強《つよ》くですぎるのかもしれません。そんな自己主張《じこしゅちょう》をしすぎて、チームとしてのまとまりをこわしてしまったのです。

結果《けっか》として、バラバラな男子《だんし》チームは試合《しあい》に負《ま》けてしまいました。

男子《だんし》と女子《じょし》で野球《やきゅう》の試合《しあい》をしても、同《おな》じことになりそうです。

少《すく》なくとも、10歳《さい》～12歳《さい》くらいまでは、女《おんな》の子《こ》のほうが心身《しんしん》ともに成長《せいちょう》しているケースが多《おお》いものです。小学生《しょうがくせい》のあいだは、1学年《がくねん》ちがえば体力《たいりょく》に大《おお》きな差《さ》がでてくるのですが、4～5年生《ねんせい》くらいまでは、男子《だんし》チームにスーパースターみたいな子《こ》がいないかぎり、女子《じょし》チームが勝《か》つ可能性《かのうせい》のほうが高《たか》いのかもしれません。

もしも、すごく背《せ》の低《ひく》い小学生《しょうがくせい》がバッターなら？

ズバリ！

ある技術《ぎじゅつ》を身《み》につければ、高出塁率《こうしゅつるいりつ》の曲者《くせもの》バッターに…

以前《いぜん》、テレビ番組《ばんぐみ》で「ストラックアウト」という企画《きかく》がありました。これは、ストライクゾーンにおいてある9分割《ぶんかつ》されたボードにそれぞれ球《たま》を投《な》げてあてて、ひとつずつボードを落《お》としていくゲームでした。

全部《ぜんぶ》で11球《きゅう》あたえられていて、投《な》げきったところで終了《しゅうりょう》です。それまでに何枚《なんまい》ボードを落《お》とせるかを競《きそ》うゲームで、もちろん9枚《まい》すべてのボードを落《お》とせば大成功《だいせいこう》です。

しかし、プロ野球《やきゅう》のエース級《きゅう》といわれる投手《とうしゅ》でも、すべてを落《お》としていわゆる「ストラックアウト！」となることはあまりありませんでした。案外《あんがい》ど真《ま》ん中《なか》のボードがのこって、なかなかあたらないこともありました。

それだけ、きちんと投《な》げわけていくことはむずかしいのです。

プロの投手《とうしゅ》であってもそうですから、少年野球《しょうねんやきゅう》の投手《とうしゅ》がストライクを投《な》げつづけることは、とてもむずかしいといえます。それに、打者《だしゃ》が身長《しんちょう》の低《ひく》い小学生《しょうがくせい》であればあるほど、正規《せいき》のストライクゾーンはどんどんせまくなってしまいます。

ところで、ストライクゾーンとは、正式《せいしき》にルールブックではどのように規定《きてい》されているのでしょうか。日本野球連盟《にほんやきゅうれんめい》などが編集《へんしゅう》している『公認野球規則《こうにんやきゅうきそく》』の「用語《ようご》の定義《ていぎ》」には、

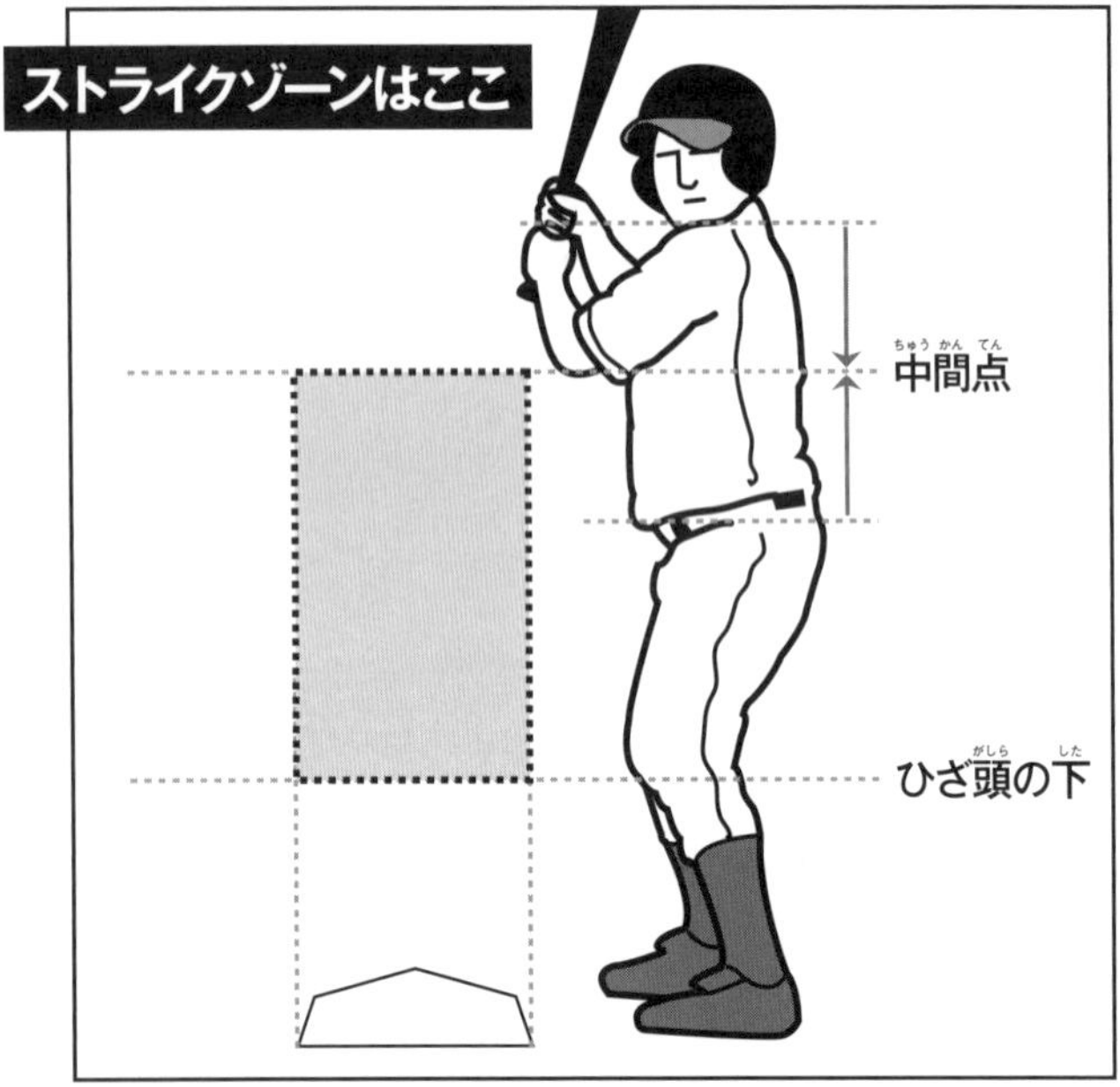

つぎのように定《さだ》められています。

「ストライクゾーン」

打者《だしゃ》の肩《かた》の上部《じょうぶ》とユニフォームのズボンの上部《じょうぶ》との中間点《ちゅうかんてん》に引《ひ》いた水平《すいへい》のラインを上限《じょうげん》とし、ひざ頭《がしら》の下部《かぶ》のラインを下限《かげん》とする本《ほん》塁上《るいじょう》の空間《くうかん》をいう。

このストライクゾーンは打者《だしゃ》が投球《とうきゅう》を打《う》つための姿勢《しせい》で決定《けってい》されるべきである。

身長《しんちょう》130センチメートルの選《せん》手《しゅ》であれば、ストライクゾーンは上下《じょうげ》で40センチメートルくらいしかありません。左右《さゆう》のはばは変《か》わりませんが、投手《とうしゅ》がストライクゾーンを意識《いしき》して投《な》げると、コントロールはかなりむずかしくなるでしょう。

一方《いっぽう》、身体《からだ》が小《ちい》さい打者《だしゃ》にとって大事《だいじ》なことは、ストライクゾーンにきた球《たま》をきちんとバットにあてる技術《ぎじゅつ》が身《み》につけられるかどうかです。

身体《からだ》が小《ちい》さいということは、小学生《しょうがくせい》の場合《ばあい》、パワーが不足《ふそく》しているということでもあります。投手《とうしゅ》の球《たま》のいきおいにおされることも多《おお》いはずです。

しかし、水平《すいへい》にバットをふる基本《きほん》スイングを身《み》につけていれば、なんとかバットにあてることは可能《かのう》でしょう。しっかりとゴロを打《う》つスイングをしていけば、少《すく》なくともファウルにすることはできます。

小学生投手《しょうがくせいとうしゅ》の場合《ばあい》、ファウルを2本《ほん》3本《ぼん》と打《う》たれてしまうと、ストライクをとりにいけなくなってしまいます。ついにはど真《ま》ん中《なか》をねらうようになるのですが、それがなかなかうまくはいきません。ど真《ま》ん中《なか》をめざして投《な》げていくと、よほど腕《うで》をふりきっていかないかぎり、ボールは落《お》ちて、ストライクゾーンをはずれてしまいます。

こうしてコントロールが乱《みだ》れます。ボールカウントも、ボールが先行《せんこう》してしまいますから、結果的《けっかてき》にはフォアボールをあたえてしまうでしょう。

ただし、身長《しんちょう》の低《ひく》い打者《だしゃ》が、しっかりとユニフォームを着《き》こなしていて、正規《せいき》のストライクゾーンを審判《しんぱん》にもしめせて、さらにはきちんとスイングできる、ということが条件《じょうけん》となります。

無理《むり》にファウルにしようとしてちゅうとはんぱにスイングしていくと、ボールはバットにあたってくれないものです。投手《とうしゅ》は6球《きゅう》を投《とう》じて半分《はんぶん》の3球《きゅう》でストライクを投《な》げられれば、打《う》ちとることは可能《かのう》でしょう。

おたがいの技術《ぎじゅつ》や能力《のうりょく》にもよりますが、もしさっきいった条件《じょうけん》を身長《しんちょう》の低《ひく》い打者《だしゃ》が満《み》たしていれば、相手《あいて》の投手《とうしゅ》にとってはかなりいやな打者《だしゃ》ということになります。野手《やしゅ》の頭上《ずじょう》をこえる打球《だきゅう》はなかなか打《う》てないでしょうが、フォアボールは多《おお》くなり、出塁率《しゅつるいりつ》は高《たか》くなり、曲者《くせもの》としての役割《やくわり》をじゅうぶんにはたせるはずです。

1番打者《ばんだしゃ》や2番打者《ばんだしゃ》としていきなりでてこられると、相手投手《あいてとうしゅ》にとっては投《な》げにくい打者《だしゃ》になるでしょう。

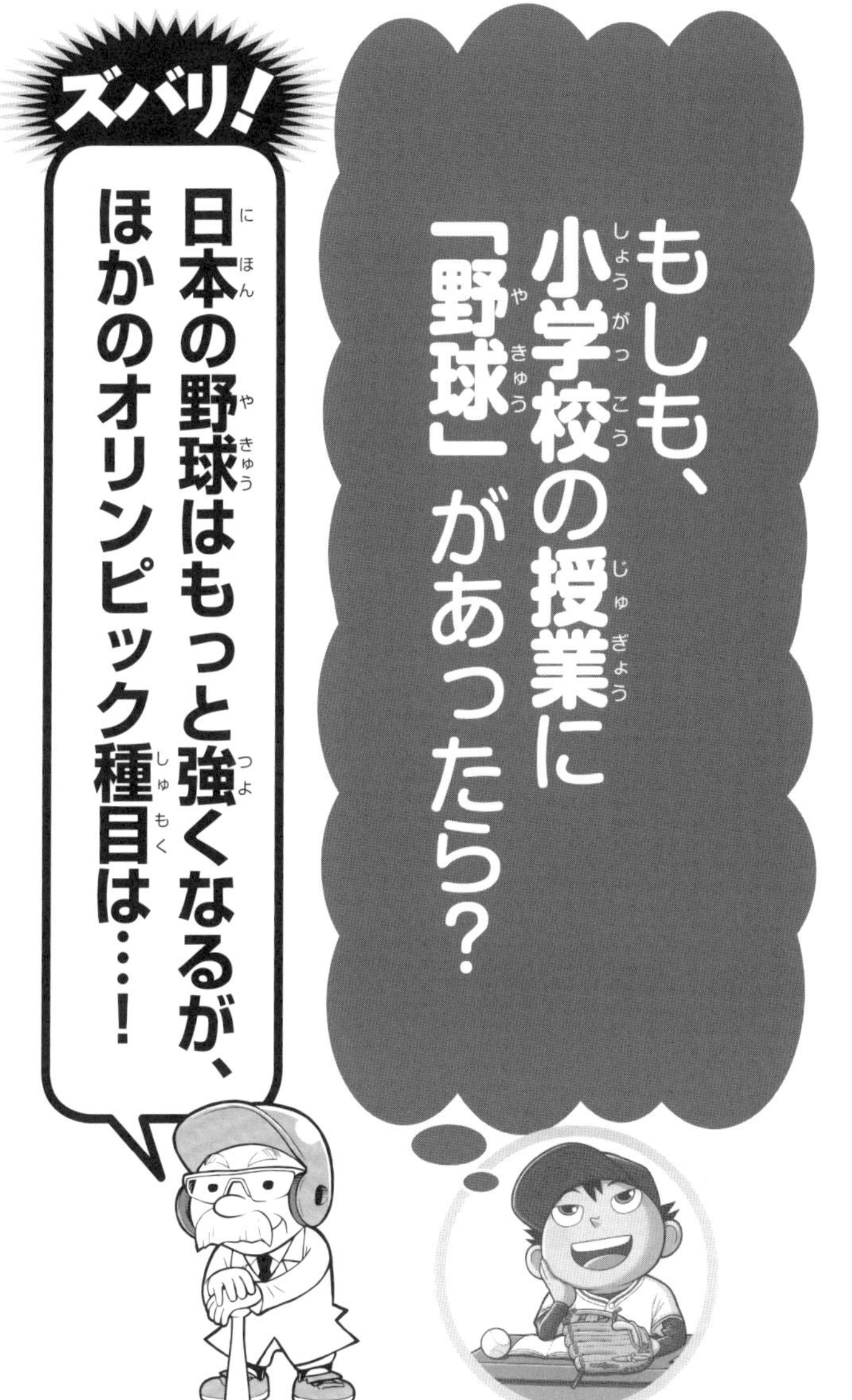
もしも、小学校《しょうがっこう》の授業《じゅぎょう》に「野球《やきゅう》」があったら？
ズバリ！
日本《にほん》の野球《やきゅう》はもっと強《つよ》くなるが、ほかのオリンピック種目《しゅもく》は…！

そもそも、小学校《しょうがっこう》の「体育《たいいく》」の授業内容《じゅぎょうないよう》は、つぎの三《みっ》つの要素《ようそ》からきめられています。

「運動《うんどう》をすることで、身体《しんたい》の発達《はったつ》のための刺激《しげき》をあたえること」

「スポーツをつうじて、相手《あいて》やなかまを尊重《そんちょう》することを学習《がくしゅう》すること」

「心《こころ》と体《からだ》を育《そだ》てるという目的《もくてき》を達成《たっせい》すること」

野球《やきゅう》というスポーツは、この三《みっ》つの要素《ようそ》をすべて満《み》たしていますから、体育《たいいく》の授業《じゅぎょう》になっていてもおかしくないはずです。


ところが、学校《がっこう》の体育《たいいく》の授業《じゅぎょう》に野球《やきゅう》はふくめられていません。その理由《りゆう》はいろいろ考《かんが》えられるのですが、ひとつには、使用《しよう》する道具《どうぐ》がほかのスポーツにくらべて多《おお》い、ということがあると思《おも》います。

グローブとバットだけではなく、ぼうしやヘルメットも必要《ひつよう》です。捕手《ほしゅ》の場合《ばあい》はプロテクターやマスクも必要《ひつよう》です。どれもひかく的高価《てきこうか》なものですから、それだけでも小学校《しょうがっこう》の体育《たいいく》で野球《やきゅう》をするのはなかなかむずかしいのかもしれません。

ボールひとつさえあれば、とりあえず親《した》しむことができるサッカーやバレーボール、あるいはバスケットボールの前段階《ぜんだんかい》となるポートボールなどのほうが、体育《たいいく》の授業《じゅぎょう》としてはやりやすいでしょう。

日本《にほん》では、野球《やきゅう》は明治時代《めいじじだい》につたわってきました。やがて、学生野球《がくせいやきゅう》が人気《にんき》となり、全国《ぜんこく》にひろまっていきます。昭和《しょうわ》の時代《じだい》には、日本代表《にほんだいひょう》チームがアメリカ代表《だいひょう》チームと好《こう》ゲームをしたことで、さらに人気《にんき》が高《たか》まりました。その後《ご》、職業野球団《しょくぎょうやきゅうだん》が誕生《たんじょう》して、やがてプロ野球《やきゅう》となって、日本中《にほんじゅう》の注目《ちゅうもく》を集《あつ》めるようになっていきます。

1960年《ねん》から1970年代《ねんだい》ごろには、テレビのふきゅうとともに、プロ野球《やきゅう》がひろくお茶《ちゃ》の間《ま》にしんとうしていきました。こうして野球《やきゅう》の人気《にんき》はますます高《たか》まっていったのですが、道具《どうぐ》がいろいろ必要《ひつよう》だということや、野球《やきゅう》はオリンピック種目《しゅもく》ではないということもあって、学校《がっこう》の体育《たいいく》の授業《じゅぎょう》の競技種目《きょうぎしゅもく》にはいつまでたってもなりませんでした。

それでも、たいへんな人気《にんき》のある野球《やきゅう》です。

もし、学校《がっこう》の体育《たいいく》で野球《やきゅう》を教《おし》えられるとしたら、小《ちい》さいころからルールや戦術《せんじゅつ》を研究《けんきゅう》する機会《きかい》も増《ふ》えるはずですから、プロ野球《やきゅう》のレベルはもっと高《たか》まっていくでしょう。

そして、女子《じょし》でも野球《やきゅう》に親《した》しむ子供《こども》がどんどん増《ふ》えていくはずです。そうなると、女子《じょし》野球《やきゅう》はいまとはひかくにならないくらいふきゅうするのではないでしょうか。

もしかすると、現在《げんざい》のバレーボールのように、女子《じょし》チームが男子《だんし》チームと同《おな》じくらい、あるいはそれ以上《いじょう》の注目《ちゅうもく》をあびる人気《にんき》スポーツとなっていく可能性《かのうせい》もあります。

ただ、その一方《いっぽう》で、はやくから野球《やきゅう》に親《した》しむ子供《こども》が増《ふ》えていったら、バスケットボールやバレーボールなどのオリンピック種目《しゅもく》にはげむ身体能力《しんたいのうりょく》の高《たか》い選手《せんしゅ》が野球《やきゅう》に流《なが》れていくかもしれません。

そうなれば、ほかの競技関係者《きょうぎかんけいしゃ》が警戒《けいかい》しはじめてしまいます。

現在《げんざい》は少子化《しょうしか》で、スポーツ人口《じんこう》が少《すく》なくなってきているといわれています。そんななかで、身体能力《しんたいのうりょく》の高《たか》い子供《こども》を、それぞれの競技団体《きょうぎだんたい》がはやくからうばいあうという現象《げんしょう》がおきてしまうかもしれません。

子供《こども》が、自分《じぶん》の意志《いし》でやりたいスポーツを選《えら》べなくなってしまう可能性《かのうせい》がでてきてしまいます。そういう意味《いみ》では、現在《げんざい》のような体育《たいいく》の授業《じゅぎょう》のほうが、それぞれのスポーツに親《した》しみやすいじょうきょうがあって、いいのではないかという気《き》がします。

もしも、マンガ『巨人《きょじん》の星《ほし》』の星一徹《ほしいってつ》が実在《じつざい》したら？

ズバリ！

小学生《しょうがくせい》はケガをする可能性《かのうせい》が高《たか》いが…

かつて、野球少年《やきゅうしょうねん》だけではなく、多《おお》くの子供《こども》たちを夢中《むちゅう》にさせた『巨人《きょじん》の星《ほし》』という野《や》球《きゅう》マンガがありました。1966年《ねん》から1971年《ねん》までのあいだ『週刊少年《しゅうかんしょうねん》マガジン』で連載《れんさい》されていて、たいへんな人気《にんき》マンガでした。

コミックスは全《ぜん》19巻《かん》が刊行《かんこう》され、1968年《ねん》からはテレビアニメとしても放映《ほうえい》されて、圧倒的《あっとうてき》な人気《にんき》となりました。

ストーリーは、貧《まず》しくて頑固《がんこ》な父《ちち》・星一徹《ほしいってつ》のもと、野球《やきゅう》の英才教育《えいさいきょういく》できびしく育《そだ》てられた息子《むすこ》・星飛雄馬《ほしひゅうま》が、野球《やきゅう》をつうじて成長《せいちょう》していくというものです。

飛雄馬《ひゅうま》は、おさないときからプロ野球選手《やきゅうせんしゅ》となることのみをめざし、「大《だい》リーグボール養成《ようせい》ギプス」という特殊《とくしゅ》なアイテムをつけて育《そだ》てられます。このギプスで強《きょう》じんな筋肉《きんにく》をつけるために、日常生活《にちじょうせいかつ》でもギプスをはずすことを父《ちち》から禁止《きんし》されていました。

やがて飛雄馬《ひゅうま》は、青雲高校《せいうんこうこう》にすすんで甲子園《こうしえん》に出場《しゅつじょう》します。甲子園《こうしえん》では、紅洋高校《こうようこうこう》の花《はな》形満《がたみつる》や熊本農林《くまもとのうりん》の左門豊作《さもんほうさく》などのライバルとしのぎをけずって、準優勝《じゅんゆうしょう》を勝《か》ちとります。

しかし、花形満《はながたみつる》が阪神《はんしん》へ、左門豊作《さもんほうさく》が大洋《たいよう》へ入団《にゅうだん》すると、1年生《ねんせい》の飛雄馬《ひゅうま》は高校《こうこう》を中退《ちゅうたい》して、プロ野球《やきゅう》の巨人《きょじん》にテスト入団《にゅうだん》します。そして、今度《こんど》はプロの舞台《ぶたい》でライバルたちと戦《たたか》いながら、やがて「大《だい》リーグボール」という魔球《まきゅう》を生《う》みだし、ライバルたちとつぎつぎ勝負《しょうぶ》していくというストーリーです。

主人公《しゅじんこう》の飛雄馬《ひゅうま》は、きびしい父親《ちちおや》のもと、とてもガマン強《づよ》く、現実《げんじつ》ではありえないような少年時代《しょうねんじだい》を過《す》ごしています。ふつうだったら、まだ成長途中《せいちょうとちゅう》の小学生《しょうがくせい》は、心身《しんしん》ともにこわれていってしまうことでしょう。大《だい》リーグボール養成《ようせい》ギプスなんて、身体《からだ》の成長《せいちょう》をとめてしまうことは目《め》に見《み》えています。しかも、自分《じぶん》の意見《いけん》はなにも聞《き》いてもらえず、父親《ちちおや》から課《か》せられた練習《れんしゅう》を、必死《ひっし》でこなしていかなくてはならないのです。

それでも、飛雄馬《ひゅうま》は父親《ちちおや》を尊敬《そんけい》して、日々《ひび》努力《どりょく》していました。

その成果《せいか》もあり、カベの穴《あな》にむかってボールを投《な》げて、穴《あな》のむこうにあるもうひとつのカベにあて、また同《おな》じ穴《あな》をとおしてボールがかえってくるほどのすごいコントロールを身《み》につけます。カベにあたってもボールが失速《しっそく》せず、そのままはねかえってくるのですから、とてつもなく回転《かいてん》のいいボールだったといえます。

そんなコントロール力《りょく》とボールへの力《ちから》のつたえかたを、大《だい》リーグボール養成《ようせい》ギプスで手《て》にいれたのでした。

もっとも、ギプスは筋肉《きんにく》を強《つよ》くしめつけますから、もし本当《ほんとう》にまねしたら、きっと筋肉《きんにく》の成長《せいちょう》をとめてしまうでしょう。おそらく、肩《かた》も痛《いた》めやすいでしょうし、身体《からだ》も決《けっ》して大《おお》きくはなりません。マンガのなかでも、飛雄馬《ひゅうま》は身体《からだ》が大《おお》きくないので、速《はや》い球《たま》を投《な》げても打《う》たれてしまいます。

また、飛雄馬《ひゅうま》はきびしい野球《やきゅう》の練習《れんしゅう》をしていますが、チームワークはあまり身《み》についていないようでした。まるで格闘技《かくとうぎ》のように打者《だしゃ》と一対一《たい》で対決《たいけつ》して、打《う》たれてしまったら負《ま》け、という発想《はっそう》です。ですから、チームではういた存在《そんざい》になるでしょう。

1年生《ねんせい》ながら、上級生《じょうきゅうせい》の伴宙太捕手《ばんちゅうたほしゅ》のことも呼《よ》び捨《す》てでしたからね。いまなら、まずは生活指導《せいかつしどう》からはじまるような、とてもつかいづらい選手《せんしゅ》になっていたかもしれません。

当時《とうじ》の少年《しょうねん》たちを夢中《むちゅう》にさせたマンガ『巨人《きょじん》の星《ほし》』でしたが、花形満《はながたみつる》が中学生時代《ちゅうがくせいじだい》からスポーツカーを運転《うんてん》しているなど、とんでもない描写《びょうしゃ》も数多《かずおお》くありました。

それでも、何年《なんねん》も経過《けいか》しても語《かた》りつがれているのは、それだけたくさんの魅力《みりょく》がつまったマンガだったからでしょう。「勝負《しょうぶ》の世界《せかい》で大切《たいせつ》なものは、根性《こんじょう》だ！」と教《おし》えてくれる「スポ根《こん》」ものの代表的《だいひょうてき》なマンガだったのです。

しかし、もし現在《げんざい》の少年野球《しょうねんやきゅう》に星一徹監督《ほしいってつかんとく》がいたら、あっというまに選手《せんしゅ》はだれもいなくなってしまうことでしょう。親《おや》たちからもクレームがさっとうして、チームは解散《かいさん》となってしまいます。

ただ、それでもきびしい練習《れんしゅう》にくらいついてくる選手《せんしゅ》がいたとしましょう。もし運《うん》よくケガをしなければ、とんでもない努力家《どりょくか》で、なにをしてもへこたれない根性《こんじょう》の持《も》ち主《ぬし》に育《そだ》つかもしれませんね。

もちろん、おすすめはできませんが……。

第《だい》3章《しょう》

高校《こうこう》野球《やきゅう》編《へん》

もしも、阪神《はんしん》甲子園《こうしえん》球場《きゅうじょう》が人工芝《じんこうしば》でドーム球場《きゅうじょう》だったら？

ズバリ！

甲子園《こうしえん》はいまのような神聖《しんせい》な場所《ばしょ》にはならず…

夏《なつ》の阪神甲子園球場《はんしんこうしえんきゅうじょう》でおこなわれる全国高等学校野球選手権大会《ぜんこくこうとうがっこうやきゅうせんしゅけんたいかい》。そこでかならず見《み》られるシーンといえば、試合《しあい》に敗《やぶ》れたチームの選手《せんしゅ》たちが、あせとなみだをぬぐいながら、甲子園《こうしえん》の土《つち》を持《も》って帰《かえ》るために集《あつ》めているシーンです。その光景《こうけい》に、スタンドで見《み》ている観客《かんきゃく》も、テレビをとおして見《み》ているファンも、みんな心《こころ》が熱《あつ》くなります。

そして、土《つち》をかき集《あつ》めている選手《せんしゅ》たちにおもわず声《こえ》をかけたくなってくるものです。

「よくがんばった、一生懸命《いっしょうけんめい》がんばったね」

心《こころ》でなみだを流《なが》して感動《かんどう》している観客《かんきゃく》もいるでしょう。甲子園《こうしえん》の高校野球《こうこうやきゅう》は、そんな感《かん》動《どう》の光景《こうけい》が見《み》られることで、ひときわ格調高《かくちょうたか》いものとなっています。

ところが、もし甲子園《こうしえん》が人工芝球場《じんこうしばきゅうじょう》になっていたとしたらどうでしょう。人工芝《じんこうしば》の球場《きゅうじょう》は、とてもきれいですが、ベンチ前《まえ》で土《つち》をかき集《あつ》めることはできません。熱闘《ねっとう》のあとでも、ユニフォームが土《つち》にまみれていることはありません。そんなグラウンドでは、選手《せんしゅ》たちはたんたんとおじぎをしてさっていくことになるでしょう。

なんだか、ちょっと味気《あじけ》ない感《かん》じがします。

また、もし甲子園《こうしえん》がドーム球場《きゅうじょう》だったとしたらどうでしょう。主催者《しゅさいしゃ》や関係者《かんけいしゃ》は、天候《てんこう》の心配《しんぱい》をしなくてすみます。雨《あめ》で大会日程《たいかいにってい》がずれこんでいくこともありません。ですから、運営《うんえい》の上《うえ》では助《たす》かるといえるかもしれません。

それに、真夏《まなつ》の甲子園《こうしえん》で、照《て》りつける太陽《たいよう》のもとで野球《やきゅう》の試合《しあい》をすることは過酷《かこく》です。観客《かんきゃく》でさえ、おもわず日《ひ》かげをもとめて移動《いどう》するくらいです。

それでも、そんな炎天下《えんてんか》でくりひろげられることが、夏《なつ》の甲子園《こうしえん》をさらに神格化《しんかくか》させている大《おお》きな要素《ようそ》なのです。

しゃくねつの太陽《たいよう》のもとでくりひろげられる熱戦《ねっせん》。外野《がいや》スタンド後方《こうほう》の真《ま》っ青《さお》な空《そら》に湧《わ》きあがる入道雲《にゅうどうぐも》もまた、甲子園《こうしえん》の風景《ふうけい》です。大会歌《たいかいか》『栄冠《えいかん》は君《きみ》に輝《かがや》く』にうたわれているように、高校野球《こうこうやきゅう》といえば青《あお》い空《そら》と白《しろ》い雲《くも》なのです。

甲子園《こうしえん》がドーム球場《きゅうじょう》なら、特有《とくゆう》の浜風《はまかぜ》もなくなってしまいます。外野席《がいやせき》のいちばん上《うえ》の席《せき》でスーッと流《なが》れていく浜風《はまかぜ》にふかれてすずしさを味《あじ》わったり、キンキンに冷《ひ》えたかちわり氷《ごおり》を食《た》べることを甲子園《こうしえん》の楽《たの》しみにしているファンも多《おお》くいます。

「甲子園《こうしえん》のスコアボードになびく旗《はた》を見《み》て、その日《ひ》の風《かぜ》を読《よ》んでさい配《はい》をする」という甲《こう》子園《しえん》の名将《めいしょう》もいました。風《かぜ》のふかないドームでは、そんなさい配《はい》も味《あじ》わえません。

こうした「甲子園伝説《こうしえんでんせつ》」の背景《はいけい》にいつでもあった夏《なつ》の大会《たいかい》らしい風情《ふぜい》が、ひとつひとつ失《うしな》われてしまいます。これでは、甲子園《こうしえん》の高校野球大会《こうこうやきゅうたいかい》そのものが、味気《あじけ》なくなってしまうのではないでしょうか。

ところで、甲子園《こうしえん》の土《つち》を最初《さいしょ》に持《も》ち帰《かえ》ったのはどんな選手《せんしゅ》だったのでしょうか。それは、福岡県《ふくおかけん》の小倉中学校《こくらちゅうがっこう》・小倉高校《こくらこうこう》でかつやくした福嶋一雄《ふくしまかずお》投手《とうしゅ》だといわれています。学校《がっこう》の制度《せいど》が変更《へんこう》され、それまでの中等学校《ちゅうとうがっこう》が高等学校《こうとうがっこう》として名称《めいしょう》が変《か》わった時期《じき》でした。

小倉中学校《こくらちゅうがっこう》は1947年《ねん》の第《だい》29回《かい》の夏《なつ》の大会《たいかい》で優勝《ゆうしょう》し、その翌年《よくねん》も小倉高校《こくらこうこう》として優勝《ゆうしょう》しています。そのときのエースが福嶋投手《ふくしまとうしゅ》でした。まだ高校《こうこう》2年生《ねんせい》だった福嶋投手《ふくしまとうしゅ》は、翌《よく》年《ねん》も3連覇《れんぱ》をめざして出場《しゅつじょう》をはたし、準々決勝《じゅんじゅんけっしょう》にいどみます。しかし序盤《じょばん》で打《う》たれてしまい、外野《がいや》を守《まも》っていましたが、延長《えんちょう》10回《かい》でサヨナラ負《ま》けしてしまいます。試合終了《しあいしゅうりょう》のあいさつのあと、福嶋投手《ふくしまとうしゅ》はおもわず本塁付近《ほんるいふきん》の甲子園《こうしえん》の土《つち》をひとにぎりつかんで、無意識《むいしき》にポケットにいれました。

それを見《み》ていて感動《かんどう》した審判員《しんぱんいん》のひとりが、後日福嶋選手《ごじつふくしませんしゅ》に手紙《てがみ》を書《か》きました。

「甲子園《こうしえん》で学《まな》んだことを大事《だいじ》に、これからの人生《じんせい》をがんばってください。あなたは、学校《がっこう》では学《まな》べないことを学《まな》んだのです」

こうして甲子園《こうしえん》で戦《たたか》った選手《せんしゅ》たちにとって、「甲子園《こうしえん》の土《つち》」は人生《じんせい》の大切《たいせつ》な思《おも》いでとなるのです。

ですから、甲子園《こうしえん》はやはりベンチ前《まえ》に土《つち》のあるグラウンドでなければならないでしょう。

もしも、甲子園《こうしえん》の高校野球《こうこうやきゅう》に年齢制限《ねんれいせいげん》がなかったら？

ズバリ！

甲子園球児《こうしえんきゅうじ》の高齢化《こうれいか》がすすむ！おじさん高校生《こうこうせい》も登場《とうじょう》…!?

全国高等学校野球選手権大会《ぜんこくこうとうがっこうやきゅうせんしゅけんたいかい》は、その名《な》のとおり高校生《こうこうせい》の野球大会《やきゅうたいかい》ですから、本来《ほんらい》ならば高校在籍者《こうこうざいせきしゃ》であれば年齢《ねんれい》に関係《かんけい》なく出場《しゅつじょう》できるはずです。しかし、高校野球《こうこうやきゅう》では厳密《げんみつ》に年齢制限《ねんれいせいげん》がもうけられています。こうなったのには、さまざまな経緯《けいい》がありました。

高校野球《こうこうやきゅう》の前身《ぜんしん》となった中等学校野球時代《ちゅうとうがっこうやきゅうじだい》には、学校制度《がっこうせいど》もいまとは異《こと》なっていて、中《ちゅう》学《がく》は5年制《ねんせい》であり、入学《にゅうがく》するときの年齢《ねんれい》もまちまちでした。入学前《にゅうがくまえ》に1年《ねん》2年浪人《ねんろうにん》するということも、ひかく的多《てきおお》くありました。そうなると、入学段階《にゅうがくだんかい》ですでに年齢差《ねんれいさ》が生《しょう》じているケースがでてきてしまいます。

そこで、1946年《ねん》に「日本学生野球憲章《にほんがくせいやきゅうけんしょう》」が制定《せいてい》されて、さまざまなルールをもうけるようになりました。さらには、学校制度《がっこうせいど》が変《か》わり、中等学校野球《ちゅうとうがっこうやきゅう》が高校野球《こうこうやきゅう》となって、ルールもこまかく変《か》わりながら、いまにいたっています。

現在《げんざい》、高校野球《こうこうやきゅう》に出場《しゅつじょう》できる選手《せんしゅ》は、高校在学《こうこうざいがく》の生徒《せいと》であることに加《くわ》えて、はっきりと年齢制限《ねんれいせいげん》がもうけられています。これは、日本高等学校野球連盟《にほんこうとうがっこうやきゅうれんめい》の大会参加者資格規定《たいかいさんかしゃしかくきてい》として、ルールブックにはつぎのように書《か》かれています。

第《だい》5条《じょう》　参加選手《さんかせんしゅ》の資格《しかく》は、以下《いか》の各項《かくこう》に適合《てきごう》するものとする。

①　その学校《がっこう》に在学《ざいがく》する男子生徒《だんしせいと》で、当該都道府県高等学校野球連盟《とうがいとどうふけんこうとうがっこうやきゅうれんめい》に登録《とうろく》されている部員《ぶいん》のうち、学校長《がっこうちょう》が身体《しんたい》、学業及《がくぎょうおよ》び人物《じんぶつ》について選手《せんしゅ》として適当《てきとう》と認《みと》めたもの。

②　平成《へいせい》〇〇年《ねん》4月《がつ》2日《か》現在《げんざい》で満《まん》18歳《さい》以下《いか》のもの。

――（略）――

⑤　参加選手《さんかせんしゅ》は、高等学校在籍《こうとうがっこうざいせき》3年《ねん》以下《いか》のもの。

ほかにもいろいろなルールがありますが、かんたんにいうと、18歳《さい》11ヵ月《げつ》をこえた年齢《ねんれい》の選手《せんしゅ》は、高校《こうこう》に在学中《ざいがくちゅう》であったとしても出場《しゅつじょう》できないきまりになっています。

高校《こうこう》は義務教育《ぎむきょういく》ではありませんから、中学《ちゅうがく》を卒業《そつぎょう》してからそのままプロ野球《やきゅう》にすすむ選《せん》手《しゅ》もいるでしょう。しかし、その選手《せんしゅ》がプロ入《い》りの三年以上《ねんいじょう》あとに、高校《こうこう》に入学《にゅうがく》して甲子園《こうしえん》への出場《しゅつじょう》をめざしたいと思《おも》っても、年齢制限《ねんれいせいげん》でできません。

ほかにも、「健全《けんぜん》な高校野球《こうこうやきゅう》を育《そだ》てるために」という理由《りゆう》で、有望《ゆうぼう》な中学生《ちゅうがくせい》を特別《とくべつ》あつかいして入学《にゅうがく》させてはいけないという規定《きてい》もうけられています。

もっとも、こうしたきまりは時代《じだい》とともに変化《へんか》してきています。現在《げんざい》では、スポーツの能力《のうりょく》で特別待遇《とくべつたいぐう》の生徒《せいと》は、1学年《がくねん》につき5人《にん》までみとめられるようになりました。

しかし、その場合《ばあい》でも、高校《こうこう》の指導者《しどうしゃ》や関係者《かんけいしゃ》が中学生《ちゅうがくせい》の家庭《かてい》を訪問《ほうもん》したりすることは禁止《きんし》されています。それに、有望中学生《ゆうぼうちゅうがくせい》を見《み》きわめるために、高校側《こうこうがわ》が試合《しあい》を主催《しゅさい》したりすることもできないきまりになっています。

こうした例《れい》を見《み》てもわかるように、高校野球《こうこうやきゅう》にはきびしすぎるくらいにさまざまなとりきめがつくられています。

これは、それだけ高校野球《こうこうやきゅう》がテレビや新聞《しんぶん》などのマスメディアでとりあげられることが多《おお》く、日本中《にほんじゅう》から注目《ちゅうもく》をあびる大会《たいかい》だからです。ですから、いきすぎた選手獲得《せんしゅかくとく》がおこなわれないように、高校野球連盟《こうこうやきゅうれんめい》は注意《ちゅうい》の目《め》を光《ひか》らせているのです。

それでも、過去《かこ》には年齢《ねんれい》をいつわって入学《にゅうがく》したり、強引《ごういん》に有力校《ゆうりょくこう》に転校《てんこう》したりといったことがありました。もし発覚《はっかく》したらきびしい処分《しょぶん》があるかもしれません。

それでも、夏《なつ》の甲子園大会《こうしえんたいかい》に出場《しゅつじょう》することは、多《おお》くの人《ひと》にとっての夢《ゆめ》なのです。

もし高校野球《こうこうやきゅう》に年齢制限《ねんれいせいげん》がなかったら、夢《ゆめ》を忘《わす》れられないたくさんの大人《おとな》たちが高校《こうこう》に入学《にゅうがく》しなおして、甲子園《こうしえん》をめざすでしょう。おじさんばかりの高校《こうこう》チームができるかもしれません。

もしかしたら、プロでかつやくしている選手《せんしゅ》だってはいってくるかもしれません。

一度負《どま》ければ終《お》わりという甲子園大会《こうしえんたいかい》での優勝《ゆうしょう》には、そこでしかありえないかがやきがあるのです。

しかしそうなってしまうと、もはや全国男子野球選手権大会《ぜんこくだんしやきゅうせんしゅけんたいかい》になってしまいそうです。

やはり18歳《さい》までの若《わか》い選手《せんしゅ》たちしか出場《しゅつじょう》できないからこそ、甲子園《こうしえん》は多《おお》くの伝説的《でんせつてき》な試《し》合《あい》を生《う》んできたのだといえるでしょう。

もしも、甲子園《こうしえん》に女子選手《じょしせんしゅ》が出場《しゅつじょう》できたら？

ズバリ！

投手《とうしゅ》であれば
かつやくする可能性《かのうせい》も…

現在《げんざい》の高校野球《こうこうやきゅう》では、参加選手《さんかせんしゅ》は「男子生徒《だんしせいと》」と規定《きてい》されていますから、女子《じょし》は部員《ぶいん》としての登録《とうろく》はできますが、公式試合《こうしきじあい》に出場《しゅつじょう》することはできません。このことはさきほどしょうかいした大会参加者資格規定《たいかいさんかしゃしかくきてい》「第《だい》５条《じょう》」に書《か》かれているとおりです。

かつては、マネージャーであっても女子生徒《じょしせいと》はベンチにもはいれませんでした。女子《じょし》マネージャーのベンチ入《い》りが甲子園《こうしえん》で可能《かのう》となったのは、１９９６年《ねん》の夏《なつ》の大会《たいかい》からでした。いまでは、ベンチで選手《せんしゅ》たちをささえる女子《じょし》マネージャーの姿《すがた》を見《み》ることができます。

しかし、現在《げんざい》でも女子高校生《じょしこうこうせい》が甲子園《こうしえん》に選手《せんしゅ》として出場《しゅつじょう》することはできません。

それでも、どうしても選手《せんしゅ》として高校《こうこう》の野球部《やきゅうぶ》でプレーしてみたいという女子高校生《じょしこうこうせい》は、野球部員《やきゅうぶいん》として男子《だんし》といっしょに活動《かつどう》しています。公式戦《こうしきせん》に出場《しゅつじょう》できなくても、練習試合《れんしゅうじあい》であればでられますから、実際《じっさい》に試合《しあい》に出場《しゅつじょう》している女子《じょし》の選手《せんしゅ》もいます。

ただ、女子選手《じょしせんしゅ》と男子選手《だんしせんしゅ》とがいっしょに同《おな》じ条件《じょうけん》で試合《しあい》をすれば、どうしても体力差《たいりょくさ》がでてきてしまいます。パワーとスピードに差《さ》があることは、あきらかです。

全国高等学校女子硬式野球連盟《ぜんこくこうとうがっこうじょしこうしきやきゅうれんめい》という、高校生《こうこうせい》の女子《じょし》チームのための組織《そしき》があります。現在《げんざい》では、24校《こう》（２０１６年《ねん》４月《がつ》現在《げんざい》）が高校女子野球連盟《こうこうじょしやきゅうれんめい》に所属《しょぞく》しています。

女子《じょし》の野球部《やきゅうぶ》にも、男子《だんし》と同《おな》じように春《はる》の選抜大会《せんばつたいかい》と夏《なつ》の選手権大会《せんしゅけんたいかい》があり、甲子園球場《こうしえんきゅうじょう》ではありませんが、地方《ちほう》の球場《きゅうじょう》で開催《かいさい》されています。

そんな女子高校生《じょしこうこうせい》たちのための野球大会《やきゅうたいかい》がはじまった、2000年《ねん》ごろの話《はなし》です。女子《じょし》だけで高校野球《こうこうやきゅう》をやっている学校《がっこう》は、まだ日本《にほん》に数校《すうこう》しかない時代《じだい》。鹿児島県《かごしまけん》の神村学園《かみむらがくえん》高等部《こうとうぶ》に、小林千紘《こばやしちひろ》という投手《とうしゅ》がいました。彼女《かのじょ》は女子《じょし》ながら球速《きゅうそく》130キロをマークし、全国高校女子選抜大会《ぜんこくこうこうじょしせんばつたいかい》で優勝《ゆうしょう》したことで話題《わだい》になりました。

その小林投手《こばやしとうしゅ》は高校《こうこう》を卒業《そつぎょう》したあと、明治大学《めいじだいがく》に進学《しんがく》して野球部《やきゅうぶ》にはいり、男子《だんし》の選手《せんしゅ》にまじって東京《とうきょう》六大学野球《だいがくやきゅう》リーグでもかつやくしました。公式戦《こうしきせん》でも登板《とうばん》して、大学野球《だいがくやきゅう》の聖地《せいち》・神宮球場《じんぐうきゅうじょう》のマウンドに立《た》ち、しっかりした投球《とうきゅう》で相手打線《あいてだせん》をおさえこんだのです。

そんな小林投手《こばやしとうしゅ》が、男子《だんし》のなかにまじって、いちばんつらかった練習《れんしゅう》はなんだったのでしょうか。それは、3－1のプレー（打球《だきゅう》を一塁手《るいしゅ》がとって、一塁《るい》ベースへむかって走《はし》っている投手《とうしゅ》にトスしてアウトをとるプレー）の練習《れんしゅう》だったといいます。

「一塁手《るいしゅ》の人《ひと》は、いつもの男子《だんし》の選手《せんしゅ》と同《おな》じタイミングで投《な》げてくるのですが、私《わたし》のスピードではそれに追《お》いついていけませんから、まにあわないんです。それをまにあうように走《はし》りだすためには、投《な》げ終《お》わってすぐに一塁《るい》へむかう動作《どうさ》にきりかえないといけません。そのすばやさがどうしても男子《だんし》と女子《じょし》とではちがうんですよね。それと、女子《じょし》の選手《せんしゅ》がバッターランナーだったときにはアウトになっていたタイミングでも、男子選手《だんしせんしゅ》だとセーフになってしまうんです。あれはたいへんでした」

それは彼女《かのじょ》が身《み》をもって感《かん》じた、男子《だんし》と女子《じょし》がいっしょに野球《やきゅう》の試合《しあい》をしていくことのむずかしさでした。しかし、その一方《いっぽう》で、男子選手《だんしせんしゅ》が守《まも》っていてくれることで助《たす》かったことも多《おお》かったといいます。

「男子《だんし》の選手《せんしゅ》がうしろで守《まも》っていていちばんちがうと感《かん》じたのは、外野《がいや》へ抜《ぬ》けたと思《おも》った打球《だきゅう》もとってくれて、アウトにできることでしたね。これは、ずいぶん楽《らく》な気《き》がしました。足元《あしもと》を抜《ぬ》けた、センター前《まえ》へ抜《ぬ》けそうな打球《だきゅう》でもとってくれますから」

男女《だんじょ》の選手《せんしゅ》のちがいがよくわかるコメントです。

「それに、ファウルフライもちがいました。あ、ふつうにファウルかなと思《おも》った打球《だきゅう》でも、外野手《がいやしゅ》の人《ひと》が一生懸命《いっしょうけんめい》追《お》ってとってくれて、アウトになるんです。これは、マウンドにいてうれしかったですよ」

男子選手《だんしせんしゅ》と女子選手《じょしせんしゅ》の場合《ばあい》、野手《やしゅ》としては瞬発力《しゅんぱつりょく》のちがいがそのままプレーにでてしまいます。どうしてもスピードの差《さ》は否定《ひてい》できません。

しかし、投手《とうしゅ》として投《な》げる分《ぶん》には、女子《じょし》の投手《とうしゅ》も力《ちから》をだすことができます。スピードだけの勝負《しょうぶ》だとかないませんが、変化球《へんかきゅう》もまじえて、コントロールよく投《な》げられれば、そんなには打《う》たれません。とくに、小林投手《こばやしとうしゅ》はカーブもきちんとコントロールされていましたから、力《ちから》まかせにふろうとする男子選手《だんしせんしゅ》のタイミングを上手《じょうず》にはずしていました。

このあたりが、野球《やきゅう》というスポーツのおもしろいところです。

現実《げんじつ》には、中学生《ちゅうがくせい》の少年野球《しょうねんやきゅう》チームと高校女子野球《こうこうじょしやきゅう》チームが練習試合《れんしゅうじあい》をくむことはよくあります。試合《しあい》としては、高校女子《こうこうじょし》チームの投手《とうしゅ》がしっかりとしていれば、中学生男子《ちゅうがくせいだんし》はなかなか打《う》ちきれません。

中学生《ちゅうがくせい》の場合《ばあい》は、個人差《こじんさ》はあるでしょうが、男子《だんし》なら2年生《ねんせい》から3年生《ねんせい》になるころは、身体《からだ》が一気《いっき》に成長《せいちょう》して大《おお》きくなる時期《じき》です。一方《いっぽう》、女子高校生《じょしこうこうせい》の場合《ばあい》は、成長《せいちょう》がおちついた状態《じょうたい》になっています。

男子中学生《だんしちゅうがくせい》が力《ちから》まかせにふろうとすると、女子高校生《じょしこうこうせい》の上手《じょうず》な投球《とうきゅう》にひっかかってしま

うということがよくあります。

　また、女子《じょし》の場合《ばあい》は一般的《いっぱんてき》には男子《だんし》より身体《からだ》がやわらかいですから、捕球《ほきゅう》から送球《そうきゅう》という動作《どうさ》のかたちもきれいに流《なが》れていきます。捕球姿勢《ほきゅうしせい》や送球《そうきゅう》フォームということでいえば、女子選手《じょしせんしゅ》のほうが型《かた》ができているということは少《すく》なくありません。

　小学生《しょうがくせい》で野球《やきゅう》をやっている男子《だんし》は、型《かた》のいい女子《じょし》の野球選手《やきゅうせんしゅ》のプレーを見《み》ると、フォームのいい勉《べん》強《きょう》になりますよ。

もしも、高校《こうこう》野球《やきゅう》選抜《せんばつ》チームVSプロ野球《やきゅう》二軍《にぐん》で試合《しあい》をしたら？

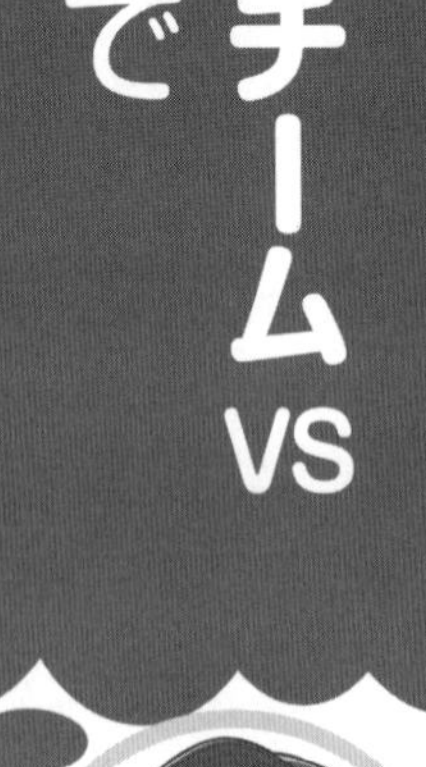

ズバリ！

プロ野球《やきゅう》二軍《にぐん》が勝《か》つ。しかし、高校《こうこう》選抜《せんばつ》の投手《とうしゅ》しだいでは…！

まず、現在《げんざい》の高校野球《こうこうやきゅう》の規定《きてい》では、プロ野球《やきゅう》のチームと試合《しあい》をすることができません。プロ野球選手《やきゅうせんしゅ》だけではなく、野球以外《やきゅういがい》のプロスポーツ競技者《きょうぎしゃ》や芸能人《げいのうじん》と試合《しあい》をしてもいけないことになっています。

そのことを前提《ぜんてい》とした上《うえ》で、もしも試合《しあい》がおこなわれた場合《ばあい》を空想《くうそう》してみましょう。

まず、試合《しあい》の条件《じょうけん》としては、高校生《こうこうせい》は金属《きんぞく》バット、プロは木《き》のバットを使用《しよう》する、ということにします。もっとも、そうした条件《じょうけん》であっても、高校生《こうこうせい》ナンバーワンの強打者《きょうだしゃ》でさえプロ野球投手《やきゅうとうしゅ》のボールについていくことはそもそもむずかしいでしょう。

二軍《ぐん》とはいえ、プロ野球《やきゅう》でドラフト指名《しめい》されて入団《にゅうだん》している選手《せんしゅ》ですから、やはりいい投手《とうしゅ》です。高校野球《こうこうやきゅう》の選抜《せんばつ》チームに選《えら》ばれるくらいの好打者《こうだしゃ》といえども、なかなか打《う》ちきれないはずです。

まして、変化球《へんかきゅう》は高校生《こうこうせい》よりまちがいなくみがかれて、するどくなっています。高校生《こうこうせい》打者《だしゃ》がバットの芯《しん》でボールをとらえるのはかんたんではありません。

さらに、内野《ないや》の守《まも》りも格段《かくだん》にプロ野球《やきゅう》二軍《ぐん》のほうが上手《じょうず》でしょう。だから、ゴロで野手《やしゅ》のあいだを抜《ぬ》く打球《だきゅう》をねらうのであれば、よほどいいコースを強《つよ》い打球《だきゅう》でおそっていかないと、すぐにアウトになってしまいます。

三塁《るい》まですすめられたとしても、めったにスクイズはきめられないでしょうし、外野《がいや》にフライを打《う》って走者《そうしゃ》をかえすということも、かんたんではありません。

それでは、もしも高校選抜《こうこうせんばつ》チームに得点《とくてん》がはいるとしたら、どんなケースが考《かんが》えられるでしょうか。こたえは、「ぐうぜんがいくつかタイミングよくかさなったとき」です。

プロにはおよばないとはいえ、高校選抜《こうこうせんばつ》チームですから、投手《とうしゅ》のレベルは高《たか》いでしょう。ドラフト1位指名候補《いしめいこうほ》もいるはずです。

高校時代《こうこうじだい》の大谷翔平選手《おおたにしょうへいせんしゅ》やダルビッシュ有選手級《ゆうせんしゅきゅう》の投手《とうしゅ》が何人《なんにん》かいて、継投《けいとう》でつないでいけば、プロでもなかなか打《う》てないかもしれません。

つまり、試合《しあい》としては1、2点《てん》をめぐっての投手戦《とうしゅせん》ということになります。

高校生《こうこうせい》は、とにかくプロに得点《とくてん》をあたえないことが勝《か》つための絶対条件《ぜったいじょうけん》です。

2015年《ねん》の高校野球《こうこうやきゅう》で、高校選抜《こうこうせんばつ》チームの投手陣《とうしゅじん》を考《かんが》えてみましょう。

まず、甲子園優勝投手《こうしえんゆうしょうとうしゅ》の左腕《さわん》・小笠原慎之介選手《おがさわらしんのすけせんしゅ》（東海大相模《とうかいだいさがみ》→中日《ちゅうにち》）、実力《じつりょく》ナンバーワンの高橋純平選手《たかはしじゅんぺいせんしゅ》（県岐阜商《けんぎふしょう》→ソフトバンク）どちらかが先発《せんぱつ》。これに馬力《ばりき》のある佐藤《さとう》世那《せな》選手《せんしゅ》（仙台育英《せんだいいくえい》↓オリックス）、原嵩《はらしゅう》選手《せんしゅ》（専大松戸《せんだいまつど》↓ロッテ）という投手《とうしゅ》がつづきます。さらには、左腕《さわん》・成田翔《なりたかける》選手《せんしゅ》（秋田商《あきたしょう》↓ロッテ）やダイナミックなフォームの高橋《たかはし》奎二《けいじ》選手《せんしゅ》（龍谷大平安《りゅうこくだいへいあん》↓ヤクルト）といった投手《とうしゅ》で、短《みじか》いイニングで継投《けいとう》していく作戦《さくせん》をとります。

継投《けいとう》の流《なが》れとしては、右《みぎ》↓左《ひだり》↓右《みぎ》↓左《ひだり》と交互《こうご》に投《な》げたほうが、相手打線《あいてだせん》の目《め》をなれさせません。高橋純《たかはしじゅん》↓小笠原《おがさわら》↓佐藤《さとう》という継投《けいとう》を軸《じく》として、ポイントに原《はら》、成田《なりた》、高橋奎《たかはしけい》などをたくみに投入《とうにゅう》しながら、なんとかおさえていく戦《たたか》いかたになるでしょう。

また、打線《だせん》にはオコエ瑠偉《るい》選手《せんしゅ》（関東第《かんとうだい》一↓楽天《らくてん》）を1番《ばん》において、シュアな打撃《だげき》の平沢大河《ひらさわたいが》選手《せんしゅ》（仙台育英《せんだいいくえい》↓ロッテ）を3番《ばん》に固定《こてい》します。4番《ばん》打者《だしゃ》は清宮幸太郎《きよみやこうたろう》選手《せんしゅ》（早稲田実《わせだじつ》）にまかせたいところですが、下級生《かきゅうせい》でもありますし、一発長打力《いっぱつちょうだりょく》の可能性《かのうせい》よりも、しっかりと変化球《へんかきゅう》をとらえられる選手《せんしゅ》がいいでしょう。

指名打者制《しめいだしゃせい》とするのであれば平沼翔太《ひらぬましょうた》選手《せんしゅ》（敦賀気比《つるがけひ》↓日本《にっぽん》ハム）もいますし、長打力《ちょうだりょく》では、山本武白志《やまもとむさし》選手《せんしゅ》（九州国際大付《きゅうしゅうこくさいだいふ》↓ＤｅＮＡ《ディーエヌエー》）を起用《きよう》するという案《あん》もあります。

いずれにしても、点《てん》をとっていくことに対《たい》してどん欲《よく》で、逆《ぎゃく》に得点《とくてん》はあたえないことをっていできる布陣《ふじん》であることが大切《たいせつ》です。

ただ、気《き》をつけていても、プロ野球選手《やきゅうせんしゅ》の場合《ばあい》は、下位打線《かいだせん》であってもスタンドへほうりこめるだけのパワーがあります。高校選抜《こうこうせんばつ》の投手陣《とうしゅじん》は、どれだけアウトコース低《ひく》めに球《たま》を投《な》げられるのかということも大事《だいじ》です。

現実《げんじつ》には実現《じつげん》しない試合《しあい》かもしれませんが、空想《くうそう》するのは楽《たの》しいことです。

高校野球選抜《こうこうやきゅうせんばつ》で名前《なまえ》をあげた選手《せんしゅ》は、2015年《ねん》のドラフト会議《かいぎ》でいずれも指名《しめい》されて、プロ野球《やきゅう》にすすみました。高校《こうこう》から入団《にゅうだん》して1、2年目《ねんめ》にどれだけかつやくしているかということを見《み》てみれば、プロ野球《やきゅう》と高校野球《こうこうやきゅう》のレベルのひかくにもなるでしょう。

高校時代《こうこうじだい》にはずばぬけた選手《せんしゅ》として注目《ちゅうもく》されていた選手《せんしゅ》でも、現実《げんじつ》には、二軍《ぐん》であってもかんたんにかつやくできるものではありません。

やはり、プロ野球《やきゅう》はとても高《たか》いレベルの選手《せんしゅ》たちが集《あつ》まっているところです。

しかも、その選手《せんしゅ》たちが日々練習《ひびれんしゅう》をかさねているのですから、さらに野球《やきゅう》のテクニックがみがかれていくことは、とうぜんなのです。

もしも、甲子園《こうしえん》にインターナショナル枠《わく》があったら？

ズバリ！

より白熱《はくねつ》した試合《しあい》になるが、大《おお》きな問題《もんだい》が…

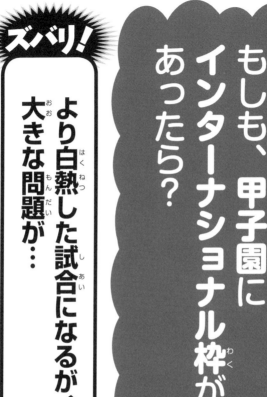

甲子園《こうしえん》の高校野球大会《こうこうやきゅうたいかい》は、日本独自《にほんどくじ》のスポーツ文化《ぶんか》として世界中《せかいじゅう》から注目《ちゅうもく》されています。それは、それぞれの学校《がっこう》が都道府県《とどうふけん》を代表《だいひょう》して、学校《がっこう》の名誉《めいよ》とふるさとの期待《きたい》をせおって全国《ぜんこく》の舞台《ぶたい》で戦《たたか》う大会《たいかい》だからです。

国際大会《こくさいたいかい》では、U《ユー》-12（12歳以下《さいいか》）、U《ユー》-15、U《ユー》-18という、それぞれの世代《せだい》ごとの大《たい》会《かい》はおこなわれています。ですが、全国《ぜんこく》の高校生《こうこうせい》チームが、野球《やきゅう》の国内《こくない》一を競《きそ》うような大《たい》会《かい》は、世界《せかい》ではそれほど多《おお》くありません。

それは、海外《かいがい》では大学《だいがく》にはいる前《まえ》の世代《せだい》では、学校単位《がっこうたんい》のチームとしての戦《たたか》いかたよりも、個々《ここ》の能力《のうりょく》がどれだけ高《たか》いかということが重視《じゅうし》されるからです。アスリートとしての能力《のうりょく》が高《たか》ければ、スポーツ奨学生《しょうがくせい》などの対象《たいしょう》になることができます。スポーツをすることで、希望《きぼう》の大学《だいがく》やプロへとすすむこともできるのです。

また、韓国《かんこく》では高校《こうこう》に野球部《やきゅうぶ》がある学校《がっこう》は全国《ぜんこく》で60校《こう》ほどしかありません。それでも、年《ねん》に何回《なんかい》も開催《かいさい》される、韓国《かんこく》の新聞社《しんぶんしゃ》が主催《しゅさい》するいくつかの全国大会《ぜんこくたいかい》に参加《さんか》しています。

そして、そんな韓国《かんこく》の高校生選手《こうこうせいせんしゅ》たちの大半《たいはん》は、プロ野球《やきゅう》へすすんでいきます。日本《にほん》でいえば甲子園出場《こうしえんしゅつじょう》レベルの強豪校《きょうごうこう》のみで大会《たいかい》をしている、ということです。

エリート育成主義《いくせいしゅぎ》の韓国《かんこく》では、スポーツの世界《せかい》でもその意識《いしき》が根《ね》づいています。ですから、高校野球《こうこうやきゅう》もプロにはいるための準備期間《じゅんびきかん》という意識《いしき》が非常《ひじょう》に強《つよ》いのです。

現在《げんざい》でも、日本《にほん》、台湾《たいわん》、韓国《かんこく》、アメリカの学校《がっこう》や高校選抜《こうこうせんばつ》チームが、親善試合《しんぜんじあい》で対戦《たいせん》することはよくあります。甲子園《こうしえん》の記念大会《きねんたいかい》に外国《がいこく》のいくつかの学校《がっこう》を招待《しょうたい》して、世界《せかい》の高校野球《こうやきゅう》のレベルを競《きそ》う、なんて空想《くうそう》も夢《ゆめ》がありますね。

実際《じっさい》に、韓国《かんこく》や台湾《たいわん》から1、2校《こう》を特別枠《とくべつわく》として招待《しょうたい》すればおもしろいでしょう。とくに、春《はる》の選抜大会《せんばつたいかい》は、基本的《きほんてき》には招待試合大会《しょうたいじあいたいかい》というモットーがありますから、21世紀枠《せいきわく》で外国《がいこく》チームが選出《せんしゅつ》という可能性《かのうせい》なら少《すこ》しはあるかもしれません。

もし実現《じつげん》すれば、むかえうつ日本《にほん》の各代表校《かくだいひょうこう》も、国際大会《こくさいたいかい》ならではの緊張感《きんちょうかん》が生《う》まれてきます。海外《かいがい》の高校《こうこう》には負《ま》けたくないという意識《いしき》がさらに強《つよ》くなるでしょう。

レベル的《てき》にも、韓国《かんこく》の上位校《じょういこう》と日本《にほん》の甲子園出場校《こうしえんしゅつじょうこう》とは力《ちから》が同《おな》じくらいで、見《み》ごたえのある試合《しあい》になることはまちがいありません。

韓国《かんこく》や台湾《たいわん》であれば、日本《にほん》にとても近《ちか》い国《くに》ですから、交通《こうつう》の便《べん》を考《かんが》えてもすぐに実現《じつげん》できそうです。

それでは、もっとインターナショナルな大会《たいかい》にして、世界各国《せかいかっこく》から高校生世代《こうこうせいせだい》の選手《せんしゅ》たちを集《あつ》めて戦《たたか》うとすると、どうでしょうか。

アメリカはもちろんのこと、カナダやオーストラリア、ドミニカ共和国《きょうわこく》やキューバからも参加《さんか》があるかもしれません。これだけさまざまな国《くに》から参加《さんか》してくれれば、世界中《せかいじゅう》の将来有望《しょうらいゆうぼう》な選手《せんしゅ》をいっせいに見《み》られるので、日本《にほん》のプロ野球《やきゅう》のスカウトにとっては非常《ひじょう》にありがたいことになります。

ただ、大会《たいかい》の規模《きぼ》としては、それぞれの国《くに》から数《すう》チーム招待《しょうたい》すると、ものすごく大《おお》きくなってしまいます。とてもじゃないですが、甲子園《こうしえん》というひとつの球場《きゅうじょう》だけでは大会《たいかい》を運営《うんえい》できません。それではおもしろさがうすれていってしまいます。

また、大会《たいかい》にでられる日本《にほん》の高校《こうこう》の数《かず》を減《へ》らしてしまうと、各都道府県《かくとどうふけん》の代表《だいひょう》が競《きそ》いあうという、本来《ほんらい》の甲子園大会《こうしえんたいかい》の魅力《みりょく》もなくなってしまうことになります。

世界《せかい》を見《み》わたすと、学校《がっこう》の制度《せいど》が異《こと》なりますから、年齢《ねんれい》にもある程度《ていど》はばを持《も》たせる必要《ひつよう》があるかもしれません。

世界高校野球大会《せかいこうこうやきゅうたいかい》の実現《じつげん》には、たくさんの問題《もんだい》がありそうです。

国際大会《こくさいたいかい》としてのU《ユー》－18ワールドベースボールチャンピオンシップ（18歳《さい》以下《いか》世界《せかい》野球《やきゅう》選手権《せんしゅけん》大会《たいかい》）と、日本《にほん》の全国高校野球大会《ぜんこくこうこうやきゅうたいかい》は、そもそも別物《べつもの》として考《かんが》えないといけないのかもしれません。

それでも、日本《にほん》と海外《かいがい》のいろいろな高校《こうこう》チームが、あの甲子園《こうしえん》で戦《たたか》うとすれば、とてもおもしろいものになりそうで、ぜひ見《み》てみたいものです。

なにかいい運営《うんえい》のやりかたを思《おも》いついたら、空想野球研究所《くうそうやきゅうけんきゅうじょ》に教《おし》えてくださいね。

もしも、甲子園《こうしえん》の
優勝旗《ゆうしょうき》が1年《ねん》ごとに
ちがっていたら？

ズバリ！

高校野球《こうこうやきゅう》の人気《にんき》は
これほど高《たか》まらず…

甲子園《こうしえん》の高校野球《こうこうやきゅう》では、優勝校《ゆうしょうこう》に対《たい》して、名誉《めいよ》をたたえるという意味《いみ》で優勝旗《ゆうしょうき》が授与《じゅよ》されます。これは、翌年《よくねん》の大会《たいかい》まで、優勝校《ゆうしょうこう》が学校《がっこう》で保管《ほかん》しておくことになっています。

春《はる》の選抜大会《せんばつたいかい》は紫《むらさき》と紺《こん》の色《いろ》で「紫紺旗《しこんき》」、夏《なつ》の選手権大会《せんしゅけんたいかい》は深《ふか》い紅《あか》い色《いろ》で「大深紅旗《だいしんくき》」と、優勝旗《ゆうしょうき》にはそれぞれ名前《なまえ》がついています。

旗《はた》はそれぞれ一本《いっぽん》しかありません。その日本《にほん》一の証《あかし》である一本《いっぽん》の旗《はた》をめざして、負《ま》けたら終《お》わりのトーナメント戦《せん》を戦《たたか》っていくことが、甲子園《こうしえん》の大会《たいかい》のだいご味《み》で、スリルにもなっています。

夏《なつ》の優勝旗《ゆうしょうき》「大深紅旗《だいしんくき》」は、京都《きょうと》の織物《おりもの》の中心地《ちゅうしんち》・西陣《にしじん》の名人《めいじん》たちによって、綾錦織《あやにしきおり》という技法《ぎほう》でつくられたものでした。これは、天皇旗《てんのうき》と同《おな》じ技法《ぎほう》で、とても高貴《こうき》なものです。

この大深紅旗《だいしんくき》をつくるのに、どれくらいお金《かね》がかかったのでしょうか。

大深紅旗《だいしんくき》は、第《だい》1回大会《かいたいかい》が開催《かいさい》された1914年《ねん》、約《やく》1500円《えん》で織《お》られた旗《はた》です。

「そんなに安《やす》かったの!?」と思《おも》うかもしれません。でも、当時《とうじ》は大学《だいがく》を卒業《そつぎょう》した、一流会社員《いちりゅうかいしゃいん》の1ヵ月《げつ》の給料《きゅうりょう》が30円《えん》という時代《じだい》でした。1500円《えん》もあれば、「家《いえ》が1軒建《けんた》つくらいの金額《きんがく》」です。大深紅旗《だいしんくき》はそれだけ貴重《きちょう》で高価《こうか》なものだったのです。

あまりに貴重《きちょう》なものなので、優勝《ゆうしょう》した学校《がっこう》では、記念《きねん》に旗《はた》のまわりの金糸《きんし》を抜《ぬ》きとってお守《まも》りにする、ということが相《あい》つぎました。

このため、旗《はた》にキズがめだってボロボロになってきてしまったので、1958年《ねん》には、第《だい》40回大会《かいたいかい》を記念《きねん》して旗《はた》をあたらしくしています。いまでは、その二代目《だいめ》の旗《はた》が優勝校《ゆうしょうこう》に毎年《まいとし》受《う》けつがれていっています。

初代《しょだい》の優勝旗《ゆうしょうき》は、大阪市《おおさかし》にある中沢佐伯記念野球会館《なかざわさえききねんやきゅうかいかん》に保存《ほぞん》されています。大会期間中《たいかいきかんちゅう》は、球場《きゅうじょう》の外野側《がいやがわ》につくられている甲子園歴史館《こうしえんれきしかん》で見学《けんがく》できるようになっているので、機会《きかい》があれば一度見《どみ》てみるといいでしょう。

ところで、この優勝旗《ゆうしょうき》が一度《ど》なくなって、たいへんな事件《じけん》になったことがありました。事件《じけん》は1954年《ねん》11月《がつ》におこりました。この年《とし》の優勝《ゆうしょう》は、愛知県《あいちけん》の中京商《ちゅうきょうしょう》（現《げん》・中京大《ちゅうきょうだい》中京《ちゅうきょう》）でした。当時《とうじ》で、通算五度目《つうさんどめ》という名門校《めいもんこう》です。

感激《かんげき》のうちにつかみとった深紅《しんく》の大優勝旗《だいゆうしょうき》でしたが、ほこらしげに校長室《こうちょうしつ》に展示《てんじ》してあったその旗《はた》が、とつぜん姿《すがた》を消《け》してしまったのです。とうぜん、学校側《がっこうがわ》はあわてました。

当初《とうしょ》は、さわぎにならないよう公表《こうひょう》はせず、近《ちか》くで見《み》つからないものかと関係者《かんけいしゃ》だけでさがしたのですが、どこをさがしても旗《はた》は見《み》つかりませんでした。

けっきょく、警察《けいさつ》に協力《きょうりょく》してもらって、大《だい》そうさくをおこなうことになってしまいました。学校《がっこう》は犯人《はんにん》にあてて、「かえしてくれればとがめない」と新聞広告《しんぶんこうこく》をだしたり、はてはうらない師《し》にたよったりまでしましたが、けっきょく優勝旗《ゆうしょうき》は見《み》つからないまま年《とし》があけてしまいます。

もしかしたら、優勝旗《ゆうしょうき》なしで夏《なつ》の開会式《かいかいしき》をむかえなくてはならないかもしれないと、みんなが頭《あたま》をかかえていました。

そんなある日《ひ》、名古屋市内《なごやしない》の中学校《ちゅうがっこう》の床下《ゆかした》から、風呂敷《ふろしき》につつまれた優勝旗《ゆうしょうき》がでてきたのです。学校《がっこう》からわずか600メートルしかはなれていないところでした。練習中《れんしゅうちゅう》だった部員《ぶいん》たちも、600メートルを全力疾走《ぜんりょくしっそう》して旗《はた》をだきしめました。なみだを流《なが》している選《せん》手《しゅ》もいました。

優勝旗《ゆうしょうき》がこつ然《ぜん》と姿《すがた》を消《け》してから、じつに85日目《にちめ》のことでした。

ちなみに犯人《はんにん》はいまでもわかっていません。

この事件以来《じけんいらい》、優勝《ゆうしょう》した学校《がっこう》は、優勝旗《ゆうしょうき》の保管《ほかん》についてはことのほかしんちょうになるようになりました。

やはり優勝旗《ゆうしょうき》がたった一本《いっぽん》しかないからこそ、それだけの大事件《だいじけん》になったのです。

もし、優勝旗《ゆうしょうき》が毎年《まいとし》ちがっているとしたら、たとえなくしたとしても、盗《ぬす》みにあったとしても、それはあくまで学校単体《がっこうたんたい》の問題《もんだい》です。たしかに、残念《ざんねん》ではありますが、ある程度《ていど》あきらめもつくでしょう。しかし、毎年受《まいとしう》けつがれていくものであれば、その歴史《れきし》そのものをなくしてしまったことにもなってしまいます。

それだけ、甲子園《こうしえん》の優勝旗《ゆうしょうき》は、一本《いっぽん》の旗《はた》だからこその重《おも》みが大《おお》きいということです。

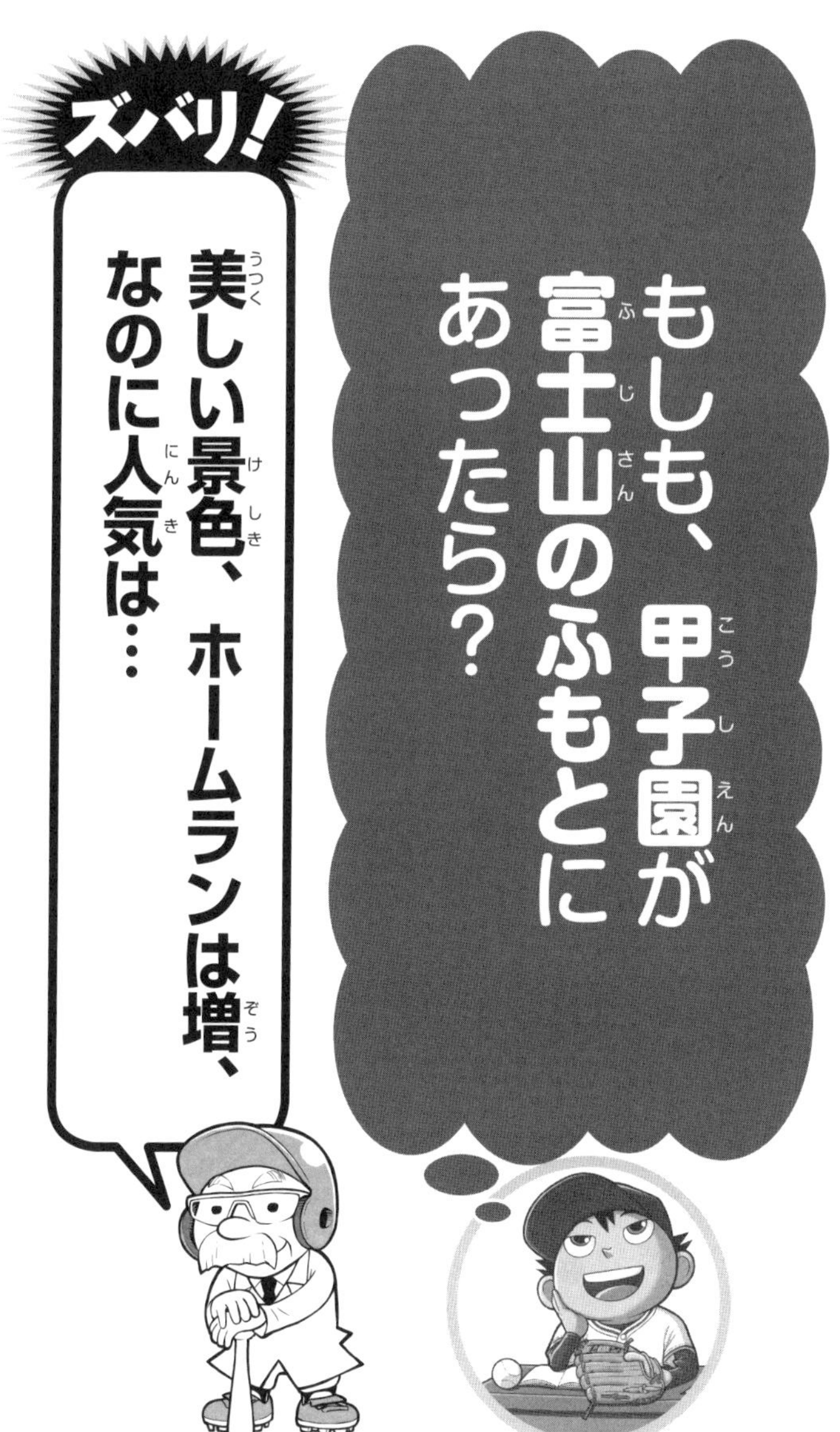
もしも、甲子園《こうしえん》が
富士山《ふじさん》のふもとに
あったら？
ズバリ！
美《うつく》しい景色《けしき》、ホームランは増《ぞう》、
なのに人気《にんき》は…

甲子園球場《こうしえんきゅうじょう》は、関西《かんさい》の中心《ちゅうしん》である大阪市《おおさかし》の梅田《うめだ》から、阪神電車《はんしんでんしゃ》で20分《ぷん》ほどの兵庫県《ひょうごけん》の西宮市《にしのみやし》にあります。熱《あつ》いファンの多《おお》い阪神《はんしん》タイガースのホームということもあって、甲子園《こうしえん》の近《ちか》くに住《す》む人《ひと》たちには野球好《やきゅうず》きがたくさんいます。

甲子園《こうしえん》でおこなわれる高校野球《こうこうやきゅう》も、そうした地元《じもと》の人《ひと》にささえられて、ここまで大《おお》きくはってんしてきました。

それでは、もしも甲子園球場《こうしえんきゅうじょう》が富士山《ふじさん》のふもとにあったとしたら、どうでしょうか。

スタンドからの景色《けしき》は実《じつ》に美《うつく》しく、すばらしいものになるにちがいありません。

しかし、交通《こうつう》の便《べん》は非常《ひじょう》にわるいです。現在《げんざい》の甲子園《こうしえん》のように、電車《でんしゃ》が駅《えき》に到着《とうちゃく》するたびに観客《かんきゃく》がどっとおしよせて、球場《きゅうじょう》はいつも満員《まんいん》、ということにはならないでしょう。

それに、富士山《ふじさん》のふもとまでひんぱんに電車《でんしゃ》を走《はし》らせることはできません。

応援団《おうえんだん》のバスなどの駐車場《ちゅうしゃじょう》の確保《かくほ》もたいへんです。

ただし、標高《ひょうこう》が高《たか》いので、気圧《きあつ》の関係《かんけい》で打球《だきゅう》はより遠《とお》くへ飛《と》んでいくことになります。

つまり、ホームランの数《かず》はいまよりも増《ふ》えるでしょう。その一方《いっぽう》で、高校野球《こうこうやきゅう》ならではの送《おく》りバントやスクイズといったプレーは少《すく》なくなります。

やはり、いまとはぜんぜんちがった高校野球《こうこうやきゅう》になることでしょう。

また、もし甲子園球場《こうしえんきゅうじょう》に外野《がいや》フェンスがなかったとしたらどうでしょうか。打球《だきゅう》が外野手《がいやしゅ》の頭上《ずじょう》をこえたり、あいだを抜《ぬ》けたりすれば、どんどん球《たま》はころがっていき、ランニングホームランが増《ふ》えることになります。見《み》ている側《がわ》としてはスリルがあっておもしろいですが、選手《せんしゅ》はヘトヘトになるかもしれませんね。

その一方《いっぽう》で、甲子園《こうしえん》での通算《つうさん》ホームラン数歴代《すうれきだい》1位《い》で、13本《ぼん》の記録《きろく》を持《も》つ清原和博選手《きよはらかずひろせんしゅ》のような選手《せんしゅ》のホームランは減《へ》ることになります。清原選手《きよはらせんしゅ》は、長打力《ちょうだりょく》に関《かん》しては1年生《ねんせい》のときからとんでもない力《ちから》を持《も》った選手《せんしゅ》でしたが、足《あし》はそれほど速《はや》くなかったからです。

また当時《とうじ》の甲子園《こうしえん》は、外野《がいや》にラッキーゾーンというフェンスがあり、球場《きゅうじょう》もせまかったのでホームランになった打球《だきゅう》もありました。

外野手《がいやしゅ》が思《おも》いきってさがれるのであれば、最初《さいしょ》から後方《こうほう》で守《まも》っているという守備陣形《しゅびじんけい》も考《かんが》えられます。センター前《まえ》やレフト前《まえ》のツーベースヒットが増《ふ》える可能性《かのうせい》はありますが、外野手《がいやしゅ》は頭《あたま》をこされない位置《いち》までさがっていくこともできるわけです。

とはいえ、外野《がいや》にフェンスがなければ、とうぜんのことですが外野席《がいやせき》を確保《かくほ》することができなくなってしまいます。

甲子園球場《こうしえんきゅうじょう》では、高校野球《こうこうやきゅう》の試合《しあい》では外野席《がいやせき》は無料《むりょう》で開放《かいほう》されています。無料《むりょう》で観戦《かんせん》できるというのは、高校野球《こうこうやきゅう》の大《おお》きな魅力《みりょく》のひとつです。それがなくなると、やはり現在《げんざい》のような満員《まんいん》の甲子園《こうしえん》で、外野席《がいやせき》も含《ふく》めた熱気《ねっき》がグラウンドをつつんでいるというふんいきはなくなってしまうでしょう。

大阪《おおさか》から近《ちか》い位置《いち》にあること。大《おお》きなアーチをえがくホームランが見《み》られること。無料《むりょう》で観戦《かんせん》できる外野席《がいやせき》があること。こうして考《かんが》えてみると、やはり甲子園《こうしえん》がそんな球場《きゅうじょう》だったからこそ、大会《たいかい》もここまでもりあがってきたということになります。

さらに、2016年春《ねんはる》からは、ネット裏《うら》の特別自由席《とくべつじゆうせき》の118席《せき》を「ドリームシート」として、試合《しあい》ごとに小学生《しょうがくせい》の野球《やきゅう》チームを無料《むりょう》で招待《しょうたい》し、高校野球《こうこうやきゅう》の迫力《はくりょく》をより近《ちか》いところで感《かん》じてもらうことになりました。

観客《かんきゃく》として甲子園《こうしえん》の熱気《ねっき》を感《かん》じた少年野球《しょうねんやきゅう》の選手《せんしゅ》たちに、数年後《すうねんご》には選手《せんしゅ》としてグラウンドにもどってきてほしいというねがいで「ドリームシート」と名《な》づけられました。

いま野球《やきゅう》をしている小学生《しょうがくせい》は、「いつかは自分《じぶん》も甲子園《こうしえん》のグラウンドでプレーするんだ」という思《おも》いで、がんばって野球《やきゅう》をつづけていってほしいものです。

テレビやスタンドで甲子園《こうしえん》の試《し》合《あい》を見《み》るとき、しょうらい自分《じぶん》が選手《せんしゅ》としてプレーする姿《すがた》を空想《くうそう》してみてください。甲子園《こうしえん》にいる多《おお》くの高校野球《こうこうやきゅう》ファンも、キミたちがいつかあたらしい世代《せだい》の野球《やきゅう》をみせてくれることを心待《こころま》ちにしています。

第《だい》4章《しょう》

プロ野球《やきゅう》選手《せんしゅ》編《へん》

もしも、プロ野球《やきゅう》で金属《きんぞく》バットがつかえたら？

ズバリ！

ホームランが激増《げきぞう》して30点《てん》とって負《ま》ける試合《しあい》も…

高校野球《こうこうやきゅう》や少年野球《しょうねんやきゅう》では、あたりまえに金属《きんぞく》バットがつかわれています。ところが、大学《だいがく》よりさきの野球《やきゅう》では、プロ野球《やきゅう》でも社会人野球《しゃかいじんやきゅう》でも、使用《しよう》はみとめられていません。

それは、金属《きんぞく》バットだと、木《き》のバット以上《いじょう》に反発力《はんぱつりょく》があって、打球《だきゅう》が飛《と》びすぎるからです。また、打球《だきゅう》は速《はや》くなりますから、プロ選手《せんしゅ》の強力《きょうりょく》な打球《だきゅう》が身体《からだ》にあたるとケガをする危険《きけん》もともないます。

金属《きんぞく》バットが導入《どうにゅう》された背景《はいけい》には、木《き》のバットよりも耐久性《たいきゅうせい》が強《つよ》く、長持《ながも》ちするから、という理由《りゆう》がありました。予算《よさん》のかぎられている高校野球《こうこうやきゅう》や少年野球《しょうねんやきゅう》では優先的《ゆうせんてき》につかわれはじめました。高校野球《こうこうやきゅう》では、1974年《ねん》から公式試合《こうしきじあい》でも使用可能《しようかのう》となっています。

じつは、社会人野球《しゃかいじんやきゅう》でも1979年《ねん》から金属《きんぞく》バットが導入《どうにゅう》された時代《じだい》がありました。しかし、大量得点《たいりょうとくてん》がはいる試合《しあい》が多《おお》くなり、16対《たい》15などという試合《しあい》があたりまえみたいになっていました。当時《とうじ》の社会人野球《しゃかいじんやきゅう》の投手《とうしゅ》は、

「たとえ8点《てん》のリードをしていても、1回《かい》で逆転《ぎゃくてん》されてしまう恐怖《きょうふ》があった」

といっていました。

社会人野球《しゃかいじんやきゅう》になると、選手《せんしゅ》は高校野球《こうこうやきゅう》よりはるかに筋力《きんりょく》がついていてパワーがあります。

そんな選手《せんしゅ》たちがフルスイングしてくるのですから、打球《だきゅう》はいきおいよく飛《と》んでいきます。さらには、キューバなどの外国人選手《がいこくじんせんしゅ》もいて、1回《かい》で2本《ほん》の満塁《まんるい》ホームランが飛《と》びだして逆転《ぎゃくてん》などということもありました。

金属《きんぞく》バット時代《じだい》の社会人野球《しゃかいじんやきゅう》で三塁《るい》を守《まも》ったことのある選手《せんしゅ》はこういいます。

「あのころは、キューバの選手《せんしゅ》の内野《ないや》ゴロなんかは、よけたくなるくらいでしたよ」

それに、あたりそこないの打球《だきゅう》でもかんたんにスタンドまではこばれてしまいます。ですから、送《おく》りバントなどのこまかい作戦《さくせん》は必要《ひつよう》なくなってしまいます。

つまり、野球《やきゅう》そのものがまったくちがったものになってしまうということになります。その結果《けっか》、2001年《ねん》をもって社会人野球《しゃかいじんやきゅう》では金属《きんぞく》バットの使用《しよう》はとりやめとなりました。

では、社会人野球《しゃかいじんやきゅう》よりも、さらにパワーのあるプロ野球《やきゅう》で金属《きんぞく》バットを使用《しよう》したら、どうなるでしょうか？

金属《きんぞく》バットは木《き》のバットよりも、芯《しん》の部分《ぶぶん》が3倍《ばい》くらい大《おお》きいといわれています。そんなバットをプロ野球選手《やきゅうせんしゅ》が持《も》ったら、まさに鬼《おに》に金棒《かなぼう》です。少《すこ》しくらいつまった打球《だきゅう》でも、

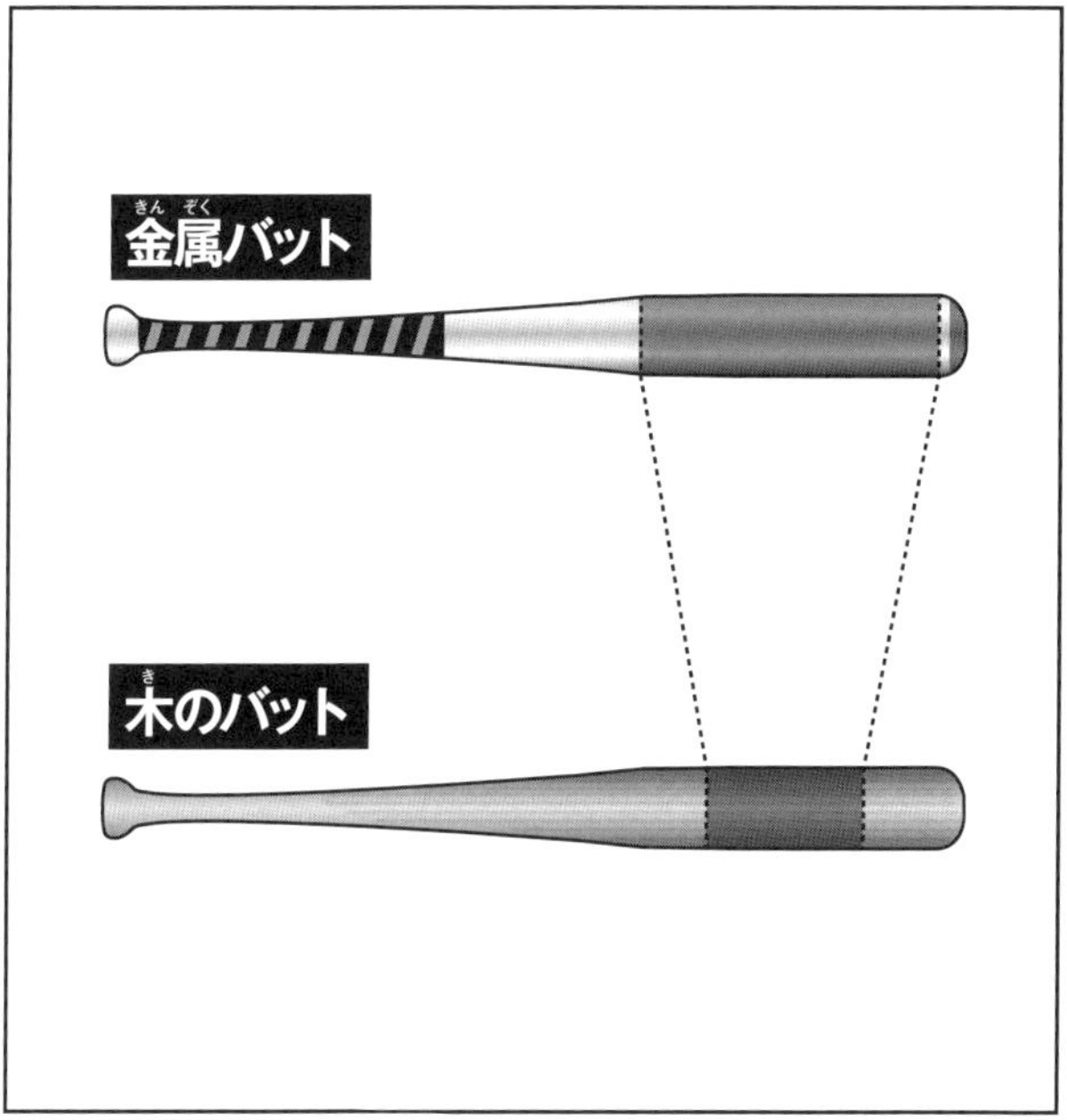

かんたんにホームランにしてしまうでしょう。

1試合《しあい》で10本《ぽん》以上《いじょう》ホームランがでるなどということも、あたりまえになります。得点《とくてん》も、どちらのチームも20点《てん》以上《いじょう》うばっているなどということになりかねません。

得点《とくてん》だけを見《み》たら、本来《ほんらい》の野球《やきゅう》のスコアではなくなって、なんの試合《しあい》だかわけがわからなくなってしまいます。

さらに、守備《しゅび》のうまい選手《せんしゅ》の見《み》せ場《ば》も少《すく》なくなっていってしまうでしょう。なにしろ、打球《だきゅう》はとんでもないスピードで野手《やしゅ》のよこを抜《ぬ》けていってしまって、よけたくなるほどなのです。

なので、プロ野球《やきゅう》では最初《さいしょ》から金属《きんぞく》バットは使用《しよう》されていません。


ところで、バットにはいったいどんな木材《もくざい》が使用《しよう》されているのでしょうか。

それは、日本全体《にほんぜんたい》でひろくはんしょくしている、アオダモという木《き》です。

材質《ざいしつ》はかたくて、強《つよ》くてねばりがあるのがとくちょうです。木《き》の高《たか》さは15メートルくらいになり、ふとさも50センチメートルくらいになります。それをバット職人《しょくにん》がけずったりみがいたりしながら、一本《いっぽん》のバットにしあげていきます。

ただ、アオダモは樹木《じゅもく》としての成長《せいちょう》がおそいという欠点《けってん》があります。このままいくと、バットに適《てき》した高品質《こうひんしつ》な素材《そざい》の確保《かくほ》がむずかしいというじょうきょうになっています。

野球《やきゅう》というスポーツのおもしろさを守《まも》るためにも、自然《しぜん》は大事《だいじ》にしていかなければなりません。

もしも、野球《やきゅう》にサッカー天皇杯《てんのうはい》のようなプロ・アマ合同《ごうどう》の大会《たいかい》があったら？
ズバリ！
やっぱりプロは強《つよ》いが、下克上《げこくじょう》がおきることも…

プロ野球《やきゅう》チームだけではなく、社会人野球《しゃかいじんやきゅう》のチームも、高校《こうこう》や大学《だいがく》のチームも参加《さんか》できるオープントーナメントの野球大会《やきゅうたいかい》がもしあったら、どうなるでしょうか？

もちろん実力的《じつりょくてき》には、プロ野球《やきゅう》チームが圧倒的《あっとうてき》に有利《ゆうり》です。上位《じょうい》はほとんどプロがしめるでしょう。しかし、勝負《しょうぶ》は一回《いっかい》だけのトーナメント戦《せん》、なにがおこるかわかりません。アマチュアのチームがプロチームに勝《か》つことだってあるかもしれません。

サッカーには天皇杯《てんのうはい》という大会《たいかい》があり、プロだけでなく多《おお》くのアマチュアが出場《しゅつじょう》しています。最近《さいきん》までは高校生《こうこうせい》チームも出場可能《しゅつじょうかのう》でした。かつては高校《こうこう》のチームが大学《だいがく》チームやJ2《ジェーツー》（野球《やきゅう》でいうとプロの二軍《ぐん》）チームに勝《か》った試合《しあい》もあり、いまでもサッカーファンのあいだでは伝説《でんせつ》となっています。

野球《やきゅう》でも同《おな》じように、プロ・アマどちらも参加《さんか》できて、全国《ぜんこく》のチームが日本《にほん》一をあらそう天皇杯《てんのうはい》トーナメントがあったらどうなるか、空想《くうそう》してみましょう。

大会《たいかい》のやりかたは、サッカー天皇杯《てんのうはい》のシステムにならうことにします。

まずは地区予選《ちくよせん》をおこないます。最初《さいしょ》は都道府県別《とどうふけんべつ》の一次予選《じよせん》で戦《たたか》います。それから、関東地区大会《かんとうちくたいかい》、東海《とうかい》・北信越地区大会《ほくしんえつちくたいかい》、近畿地区大会《きんきちくたいかい》といった地区《ちく》ごとの二次予選《じよせん》へとすすみます。

そして、この予選《よせん》で勝《か》ちあがったチームが本大会《ほんたいかい》にすすむことができる、というかたちです。地区《ちく》で何《なん》チームを代表《だいひょう》にするのかということにもよりますが、仮《かり》にチャンピオントーナメントを10チームとしてみましょう。地域《ちいき》ごとの代表《だいひょう》チームの出場枠《しゅつじょうわく》は、

東北《とうほく》・北海道《ほっかいどう》　1チーム
関東《かんとう》　4チーム
東海《とうかい》・北信越《ほくしんえつ》　1チーム
近畿《きんき》　2チーム
中国《ちゅうごく》・四国《しこく》　1チーム
九州《きゅうしゅう》・沖縄《おきなわ》　1チーム

といったところでしょうか。
東北《とうほく》・北海道《ほっかいどう》地区《ちく》には楽天《らくてん》と日本《にっぽん》ハムのプロチームがありますが、出場枠《しゅつじょうわく》は1チームな

ので、どちらかが脱落《だつらく》することになります。このプロ野球《やきゅう》２チーム以外《いがい》で、万《まん》が一にも勝《か》てるチームがあるかというと……やはりむずかしいでしょう。

近畿地区《きんきちく》も、阪神《はんしん》とオリックスが代表《だいひょう》２枠《わく》を確保《かくほ》する可能性《かのうせい》が高《たか》いでしょう。日本生命《にほんせいめい》やパナソニックといった社会人野球《しゃかいじんやきゅう》の強豪《きょうごう》チームでさえ、よほどがんばっても勝《か》つことはむずかしいと思《おも》います。

九州《きゅうしゅう》・沖縄地区《おきなわちく》ではソフトバンクが、中国《ちゅうごく》・四国地区《しこくちく》では広島《ひろしま》がそれぞれ代表《だいひょう》になります。東海《とうかい》・北信越地区《ほくしんえつちく》も、よほどのことがないかぎり、中日《ちゅうにち》が代表《だいひょう》になるでしょう。

関東地区《かんとうちく》では、地区予選《ちくよせん》の準々決勝《じゅんじゅんけっしょう》あたりになると、プロ球団同士《きゅうだんどうし》の対戦《たいせん》が多《おお》くなります。関東《かんとう》には巨人《きょじん》、ロッテ、西武《せいぶ》、ヤクルト、ＤｅＮＡ《ディーエヌエー》の５つのプロチームがありますから、そのうち少《すく》なくとも１チームは本大会進出《ほんたいかいしんしゅつ》をのがすことになります。

それに加《くわ》えて、ＪＲ東日本《ジェイアールひがしにほん》、東京《とうきょう》ガス、Ｈｏｎｄａ《ホンダ》など、社会人野球《しゃかいじんやきゅう》の強豪《きょうごう》チームも関東地区《かんとうちく》にはいます。さらには東京《とうきょう》六大学《だいがく》や東都大学野球《とうとだいがくやきゅう》の各校《かくこう》も参加《さんか》してきますから、関東《かんとう》ではプロ・アマいり乱《みだ》れての、しれつな代表《だいひょう》４枠《わく》あらそいとなります。非常《ひじょう》に高《たか》いレベルの試合《しあい》がつづき、とてもおもしろい地区予選《ちくよせん》になるでしょう。

ただし、このシステムでは、本大会《ほんたいかい》にすすむのはほぼプロのチームになってしまいます。

そこで、代表数《だいひょうすう》をもう少《すこ》しひろげて考《かんが》えてみましょう。

各地区《かくちく》とも、プロ野球球団《やきゅうきゅうだん》の数《かず》プラス0〜2の代表枠《だいひょうわく》をもうけることにします。

東北《とうほく》・北海道《ほっかいどう》　2チーム
関東《かんとう》　8チーム
東海《とうかい》・北信越《ほくしんえつ》　2チーム
近畿《きんき》　4チーム
中国《ちゅうごく》・四国《しこく》　2チーム
九州《きゅうしゅう》・沖縄《おきなわ》　2チーム

各地区《かくちく》このチーム数《すう》で、合計《ごうけい》20チームによる地区代表《ちくだいひょう》でトーナメントをあらそうことになります。

プロ野球《やきゅう》12球団《きゅうだん》は地区予選《ちくよせん》を勝《か》ちあがって、すべて出場《しゅつじょう》するとします。そして、ペナントレースのセ・パ両《りょう》リーグ1位《い》、2位《い》にそれぞれシードをあたえます。あとのチームは、抽選《ちゅうせん》でふりわけます。

そうすると、たとえばつぎのページのようなトーナメント表《ひょう》ができあがりました。

トーナメント表《ひょう》を見《み》ているだけでも、なんだかわくわくしてきます。

はたして、アマチュア球団《きゅうだん》がプロ野球球団《やきゅうきゅうだん》に下克上《げこくじょう》をはたすことができるのでしょうか？　あるいは、プロ以外《いがい》ではどんなチームが代表《だいひょう》になってでてくるのでしょう？　中国《ちゅうごく》・四国地区《しこくちく》では四国独立《しこくどくりつ》リーグのチームがでてくるかもしれません。

そして、最終的《さいしゅうてき》にはどのチームが優勝《ゆうしょう》するでしょうか？　いろいろ想像《そうぞう》がふくらみます。

やはり、プロ野球《やきゅう》のペナントレースで勝《か》ったチームが強《つよ》いでしょうか？

キミの予想《よそう》をぜひ空想野球研究所《くうそうやきゅうけんきゅうじょ》に教《おし》えてください！

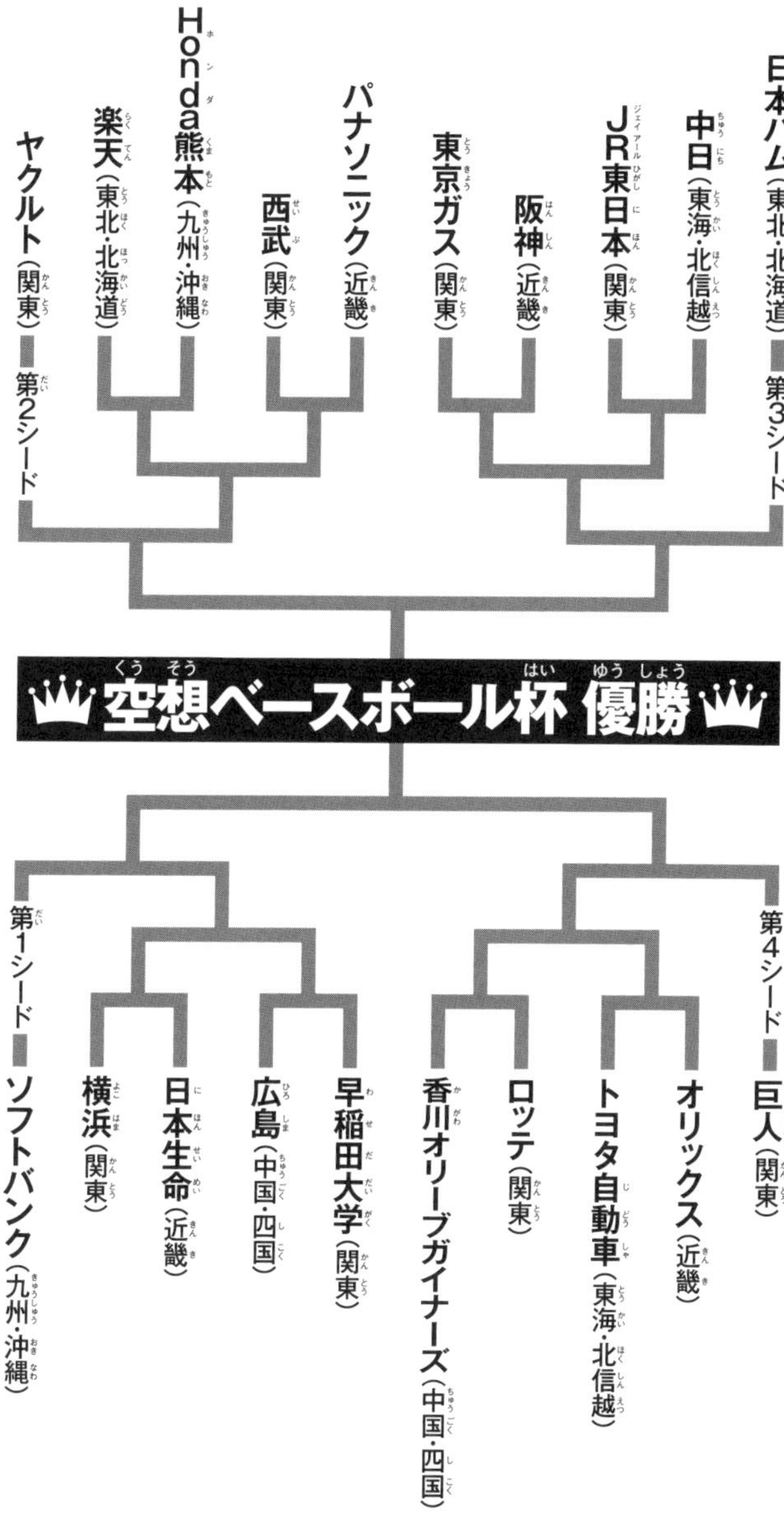

日本《にっぽん》ハム（東北《とうほく》・北海道《ほっかいどう》）
第《だい》3シード
中日《ちゅうにち》（東海《とうかい》・北信越《ほくしんえつ》）
JR《ジェイアール》東日本《ひがしにほん》（関東《かんとう》）
阪神《はんしん》（近畿《きんき》）
東京《とうきょう》ガス（関東《かんとう》）
パナソニック（近畿《きんき》）
西武《せいぶ》（関東《かんとう》）
Honda《ホンダ》熊本《くまもと》（九州《きゅうしゅう》・沖縄《おきなわ》）
楽天《らくてん》（東北《とうほく》・北海道《ほっかいどう》）
ヤクルト（関東《かんとう》）
第《だい》2シード
空想《くうそう》ベースボール杯《はい》 優勝《ゆうしょう》
第《だい》4シード
巨人《きょじん》（関東《かんとう》）
オリックス（近畿《きんき》）
トヨタ自動車《じどうしゃ》（東海《とうかい》・北信越《ほくしんえつ》）
ロッテ（関東《かんとう》）
香川《かがわ》オリーブガイナーズ（中国《ちゅうごく》・四国《しこく》）
早稲田大学《わせだだいがく》（関東《かんとう》）
広島《ひろしま》（中国《ちゅうごく》・四国《しこく》）
日本生命《にほんせいめい》（近畿《きんき》）
横浜《よこはま》（関東《かんとう》）
第《だい》1シード
ソフトバンク（九州《きゅうしゅう》・沖縄《おきなわ》）

もしも、天才《てんさい》・イチローが右打者《みぎだしゃ》だったら？
ズバリ！
3000本《ぼん》安打《あんだ》は達成《たっせい》していない!?
しかし、天才《てんさい》・イチローなら…！

「センター前《まえ》ヒットだったら、いつでも打《う》てます」

これは、あのイチロー選手《せんしゅ》、つまり鈴木《すずき》一朗選手《いちろうせんしゅ》が、愛工大名電高校《あいこうだいめいでんこうこう》時代《じだい》に当時《とうじ》の中村《なかむら》豪監督《たけしかんとく》にいった言葉《ことば》です。高校生《こうこうせい》が監督《かんとく》にむかってそんなことがいえるというのは、よほどの自信《じしん》がないかぎり、ありえないことです。

イチローは本当《ほんとう》に自信《じしん》があったからこそ、こんな発言《はつげん》ができたのでしょう。実際《じっさい》、高校《こうこう》生《せい》のときからイチローのヒットを打《う》つ技術《ぎじゅつ》はずばぬけていました。

イチローは、少年時代《しょうねんじだい》から父《ちち》にプロ野球選手《やきゅうせんしゅ》をめざすように育《そだ》てられました。

バットを持《も》ったのが小学《しょうがく》2年生《ねんせい》のときで、小学《しょうがく》4年生《ねんせい》のときには毎日《まいにち》のようにバッティングセンターにかよっていたそうです。そして、小学生《しょうがくせい》としては速《はや》すぎる130キロにあわせて、動体視力《どうたいしりょく》をみがいていきました。

また、左打者《ひだりだしゃ》のほうがなにかと有利《ゆうり》だということで、右利《みぎき》きですが左打者《ひだりだしゃ》としてスイングを覚《おぼ》えました。たとえば、一塁《るい》へむかって走《はし》るとき、右打席《みぎだせき》からよりも左打席《ひだりだせき》からスタートした場合《ばあい》のほうが、一歩半《いっぽはん》は有利《ゆうり》だといわれています。イチローは、もともと脚力《きゃくりょく》があり、さらに一塁《るい》までの距離《きょり》が近《ちか》い左打者《ひだりだしゃ》になったので、あたりそこないでも内野安打《ないやあんだ》にすることができました。

すばらしい動体視力《どうたいしりょく》、足《あし》の速《はや》さ、左打者《ひだりだしゃ》の強《つよ》み、そうした長所《ちょうしょ》をさらに進化《しんか》させたのが、メジャーリーグ1年目《ねんめ》のときのイチローです。打《う》ってすぐにスタートをきる、もっといえば走《はし》りながら打《う》つような感覚《かんかく》をマスターしていきました。

左打者《ひだりだしゃ》が走《はし》りながら打《う》つと、ふりきらないと走《はし》りだせない右打者《みぎだしゃ》にくらべて二、三歩《ぽ》もはやくトップスピードに乗《の》ることができます。しかも、俊足《しゅんそく》のイチローですから、きわどいあたりでも8割《わり》は内野安打《ないやあんだ》にできるのです。

一見《いっけん》すると、イチローのバッティングはひっかけているだけに見《み》えますが、グリップはしっかりとのこっています。ですから、ミートした瞬間《しゅんかん》には打球《だきゅう》をコントロールすることができます。イチローの内野安打《ないやあんだ》の大半《たいはん》は左方向《ひだりほうこう》へのゴロですが、これは投手《とうしゅ》にころがされてゴロになっているのではなく、コントロールして打《う》っているのです。

イチローのセンスがひかります。

こうして左打者《ひだりだしゃ》のイチローは、内野安打《ないやあんだ》を量産《りょうさん》して、いまではメジャー通算《つうさん》３０００本《ぼん》安打《あんだ》という大記録《だいきろく》まであと少《すこ》しというところまできました。

それでは、もしイチローが右打者《みぎだしゃ》として打席《だせき》にはいっていたらどうでしょう。きわどい内野安打《ないやあんだ》の場合《ばあい》は、いくら足《あし》の速《はや》いイチローでもアウトになってしまうケースが増《ふ》えるはずです。左打者《ひだりだしゃ》のときはセーフだったあたりも、半分以上《はんぶんいじょう》はアウトになってしまいます。内野安打《ないやあんだ》は、いまほど多《おお》くはだせません。

しかし、もともとすばらしいセンスと身体能力《しんたいのうりょく》のある選手《せんしゅ》ですから、ヒットが打《う》てないということはありえません。動体視力《どうたいしりょく》がいいですから、球《たま》をとらえる能力《のうりょく》は高《たか》いはずです。いまのようにかならず出塁《しゅつるい》するスタイルの打者《だしゃ》ではなく、しっかりバットをふりきって、ツーベースヒットやスリーベースヒットを打《う》つ中距離《ちゅうきょり》ヒッターになっていたでしょう。

とくに、スイングスピードは速《はや》いですから、打球《だきゅう》は低《ひく》い弾道《だんどう》でのびていきます。ホームランは左打席《ひだりだせき》で打《う》つときよりもでるかもしれません。タイプとしては、ヤクルトで打率《だりつ》3割《わり》、30本塁打《ほんるいだ》、30盗塁《とうるい》のトリプルスリーをマークした山田哲人選手《やまだてつとせんしゅ》に似《に》ています。

ホームランばかりねらって大《おお》ぶりにならなければ、コンスタントにトリプルスリーを記録《きろく》していくような打者《だしゃ》になっている可能性《かのうせい》が高《たか》いでしょう。

ところで、イチロー選手《せんしゅ》の場合《ばあい》、登録名《とうろくめい》を「鈴《すず》木《き》一朗《いちろう》」から「イチロー」に変更《へんこう》したことにも大《おお》きな意味《いみ》がありました。

これは、オリックス時代《じだい》、「鈴《すず》木《き》一朗《いちろう》」ではインパクトに欠《か》けると考《かんが》えた、当時《とうじ》の仰木《おおぎ》監督《かんとく》のユニークなアイデアでした。

「イチロー」へと名前《なまえ》を変更《へんこう》したことで、ファンへの定着度《ていちゃくど》や自分《じぶん》自身《じしん》のモチベーションもあがり、ここまでのスター選手《せんしゅ》になれたのかもしれません。

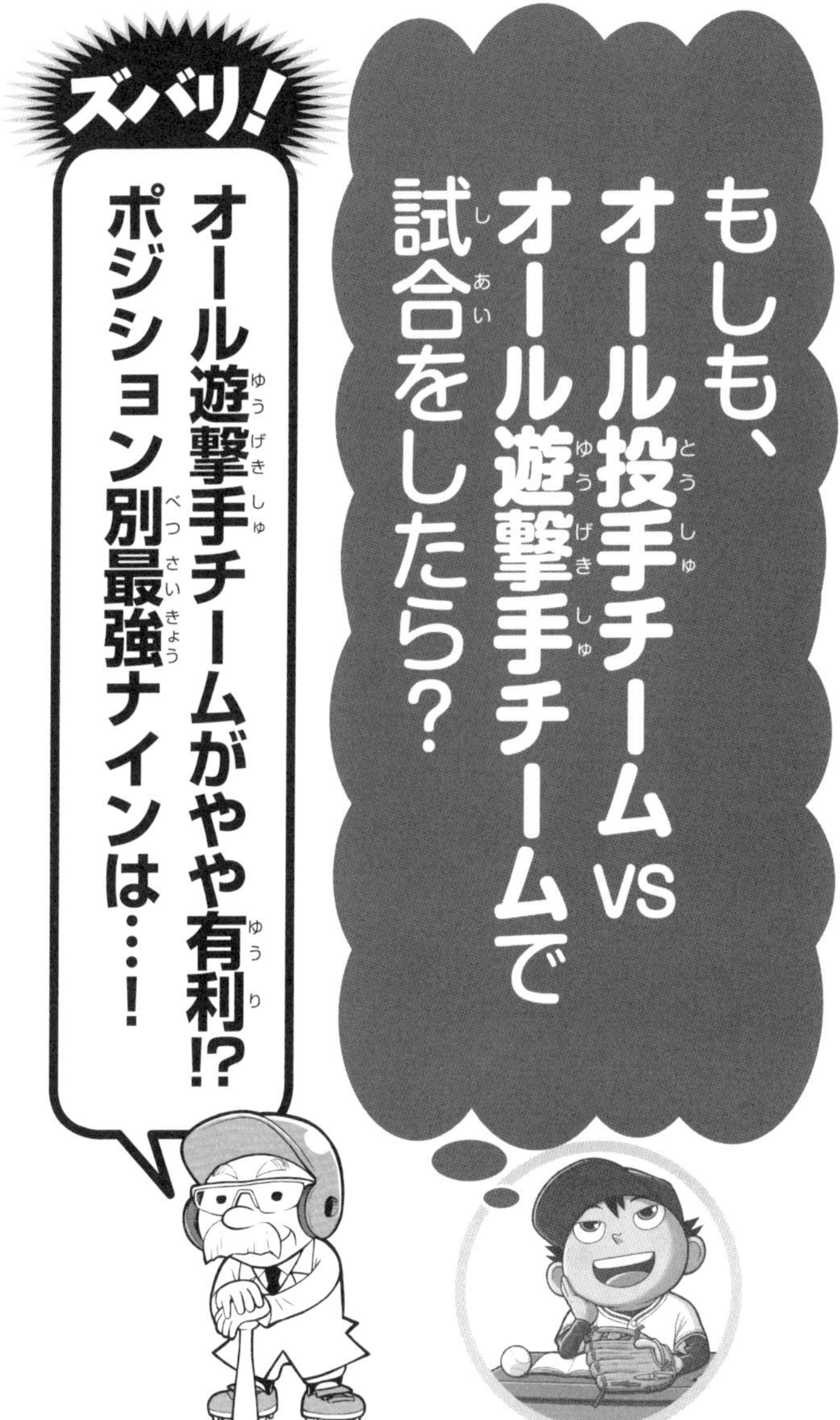
もしも、
オール投手《とうしゅ》チームVS
オール遊撃手《ゆうげきしゅ》チームで
試合《しあい》をしたら？
ズバリ！
オール遊撃手《ゆうげきしゅ》チームがやや有利《ゆうり》!?
ポジション別《べつ》最強《さいきょう》ナインは…！

メンバーを考《かんが》えてみるだけでも、とてもおもしろくなりそうです。

プロ野球《やきゅう》にはいる選手《せんしゅ》であれば、高校時代《こうこうじだい》まではエースで4番《ばん》という選手《せんしゅ》も多《おお》かったはず。打撃力《だげきりょく》と投球力《とうきゅうりょく》をかねそなえた選手《せんしゅ》がたくさんいます。

まずオール投手《とうしゅ》チームのメンバーを考《かんが》えてみましょう。

ソフトバンクの松坂大輔《まつざかだいすけ》選手《せんしゅ》は、横浜高校時代《よこはまこうこうじだい》、投手《とうしゅ》としてはもちろんエースでしたが、打者《だしゃ》としても4番《ばん》を打《う》っていて、甲子園《こうしえん》でホームランも打《う》っています。春夏連覇《はるなつれんぱ》を達成《たっせい》したとても強《つよ》いチームで、能力《のうりょく》の高《たか》いメンバーがたくさんいるなかでの4番打者《ばんだしゃ》です。それだけ、打撃力《だげきりょく》も高《たか》かったということです。

また、日本《にっぽん》ハムの大谷翔平《おおたにしょうへい》選手《せんしゅ》は投手《とうしゅ》としても野手《やしゅ》としてもかつやくしている二刀流《とうりゅう》の選手《せんしゅ》です。投手《とうしゅ》として投《な》げないときはDH《ディーエッチ》にはいって5番《ばん》を打《う》つこともあるくらいですから、打撃力《だげきりょく》もプロの中軸《ちゅうじく》を打《う》つだけの能力《のうりょく》を持《も》っています。

オール投手《とうしゅ》チームは、このふたりに加《くわ》え、中日《ちゅうにち》の岩瀬仁紀《いわせひとき》選手《せんしゅ》か福谷浩司《ふくたにこうじ》選手《せんしゅ》でクリーンアップをくむことができるでしょう。岩瀬《いわせ》選手《せんしゅ》は愛知大学時代《あいちだいがくじだい》、投《な》げないときには3番《ばん》中堅手《ちゅうけんしゅ》として出場《しゅつじょう》していました。リーグ戦《せん》で打率《だりつ》2位《い》にランクしたこともあるほどの打力《だりょく》です。福谷選手《ふくたにせんしゅ》も、慶應義塾大学時代《けいおうぎじゅくだいがくじだい》にホームランをはなっています。また、ヤクルトの小川泰弘選手《おがわやすひろせんしゅ》も、高校《こうこう》２年生《ねんせい》までは遊撃手《ゆうげきしゅ》で５番《ばん》も打《う》っていました。

むずかしいのは、だれが捕手《ほしゅ》をするかです。捕手《ほしゅ》のポジションだけは経験《けいけん》がない、という選手《せんしゅ》も多《おお》いでしょう。そのなかで、メジャーリーグのニューヨーク・ヤンキースでかつやくするマー君《くん》こと田中将大選手《たなかまさひろせんしゅ》は、小学生時代《しょうがくせいじだい》に捕手《ほしゅ》として、巨人《きょじん》の坂本勇人選手《さかもとはやとせんしゅ》（当《とう》時《じ》は投手《とうしゅ》）とバッテリーをくんでいたというエピソードを持《も》っています。


一方《いっぽう》、オール遊撃手《ゆうげきしゅ》チームはどうでしょうか。

ソフトバンクの今宮健太選手《いまみやけんたせんしゅ》は明豊高校時代《めいほうこうこうじだい》、甲子園《こうしえん》でもリリーフのマウンドに立《た》っています。しかも、ほとんど投球練習《とうきゅうれんしゅう》もしていないじょうきょうで、１５１キロというスピードをはじきだしました。甲子園《こうしえん》の観客《かんきゃく》も「おおっ！」と、どよめきました。ほかには、阪神《はんしん》の鳥谷敬選手《とりたにたかしせんしゅ》も聖望学園高校時代《せいぼうがくえんこうこうじだい》に投手《とうしゅ》を経験《けいけん》しています。

また、遊撃手《ゆうげきしゅ》の選手《せんしゅ》であれば、ほかのポジションでもそれほど違和感《いわかん》はなくこなせるでしょう。ロッテ・鈴木大地選手《すずきだいちせんしゅ》、巨人《きょじん》・坂本勇人選手《さかもとはやとせんしゅ》、広島《ひろしま》・田中広輔選手《たなかこうすけせんしゅ》などは、どのポジションでもこなせるのではないでしょうか。

ただし、やはり遊撃手《ゆうげきしゅ》チームでも、捕手《ほしゅ》をだれにするかがむずかしいポイントです。ここは、内外野《ないがいや》どこでも守《まも》れるユーティリティープレーヤーのオリックス・縞田拓弥《しまだたくや》選手《せんしゅ》あたりにまかせてみるといいのではないでしょうか。

さて、監督《かんとく》はどうするのかというと、現在《げんざい》のプロ野球《やきゅう》では西武《せいぶ》の田邊徳雄《たなべのりお》監督《かんとく》が遊撃手《ゆうげきしゅ》でしたから、遊撃手《ゆうげきしゅ》チームには田邊監督《たなべかんとく》が選《えら》ばれます。

投手《とうしゅ》チームの監督《かんとく》は、日本《にほん》一のソフトバンクの工藤公康監督《くどうきみやすかんとく》できまりでしょう。

それでは、オール投手《とうしゅ》チームとオール遊撃手《ゆうげきしゅ》チームの試合開始《しあいかいし》です。

まず投手《とうしゅ》チームは、各投手《かくとうしゅ》が1イニングずつ交代《こうたい》で投《な》げてきます。

そうなると、シュアな打者《だしゃ》ぞろいの遊撃手《ゆうげきしゅ》チームとしても、なかなか打《う》ちくずすことができません。少《すく》ないチャンスをたくみに得点《とくてん》にむすびつけていく、スモールベースボールにてっする作戦《さくせん》をとってきます。走者《そうしゃ》がでれば、曲者《くせもの》の選手《せんしゅ》が多《おお》いですから、足《あし》でかきまわして相手《あいて》をくずしていきます。なにせ相手《あいて》は、オール投手《とうしゅ》です。ち密《みつ》な守《まも》りはなかなかむずかしく、ガマン強《づよ》く攻《せ》めていればかならずほころびがでてきます。

一方《いっぽう》、投手《とうしゅ》チームの攻撃《こうげき》は、どうしても一発《いっぱつ》をねらっていくラージベースボールにならざるをえません。しかし、走者《そうしゃ》がたまったところで松坂選手《まつざかせんしゅ》や大谷選手《おおたにせんしゅ》といった強打者《きょうだしゃ》にまわってきたら、大量得点《たいりょうとくてん》につながります。今宮選手《いまみやせんしゅ》のピッチングは、スピードはあっても変化球《へんかきゅう》が少《すく》ないので、であいがしらにホームランを打《う》てる可能性《かのうせい》があります。

ねばり強《づよ》いコツコツ野球《やきゅう》の遊撃手《ゆうげきしゅ》チームが勝《か》つか、それとも一発《いっぱつ》ねらいの投手《とうしゅ》チームが勝《か》つか。おもしろい試合《しあい》になりそうです。

こうしたシミュレーションは、オール捕手《ほしゅ》チームやオール外野手《がいやしゅ》チームなど、それぞれのポジションごとにいろいろなパターンが考《かんが》えられます。

なかでもオール外野手《がいやしゅ》チームは、人材《じんざい》が豊富《ほうふ》です。

なにせ、高校時代《こうこうじだい》に投手《とうしゅ》をしていて、プロ入《い》りしてから外野手《がいやしゅ》に転《てん》じた選手《せんしゅ》は、ロッテの清田育宏選手《きよたいくひろせんしゅ》、ヤクルトの雄平選手《ゆうへいせんしゅ》、広島《ひろしま》の丸佳浩選手《まるよしひろせんしゅ》など数多《かずおお》くいます。また楽天《らくてん》の松井稼頭央選手《まついかずおせんしゅ》は、ＰＬ学園高校時代《ピーエルがくえんこうこうじだい》は投手《とうしゅ》で、西武《せいぶ》では遊撃手《ゆうげきしゅ》、メジャーリーグを経《へ》て楽天《らくてん》では外野手《がいやしゅ》というオールラウンドプレーヤーです。

最強《さいきょう》のオール同《どう》ポジションチームは、選手層《せんしゅそう》のあつい外野手《がいやしゅ》チームかもしれません。

もしも、
オール4番《ばん》打《だ》者《しゃ》チームVS
オール1番《ばん》打《だ》者《しゃ》チームで
試《し》合《あい》をしたら？

ズバリ!

オール1番《ばん》打《だ》者《しゃ》チームが有《ゆう》利《り》!?
しかし、オール4番《ばん》打《だ》者《しゃ》チームの魅《み》力《りょく》は…!

オール4番打者《ばんだしゃ》チームとオール1番打者《ばんだしゃ》チーム、どちらのチームが有利《ゆうり》かということは、野球《やきゅう》というスポーツの特性《とくせい》をよく考《かんが》えると見《み》えてきます。

プロ野球《やきゅう》で1番打者《ばんだしゃ》になるような選手《せんしゅ》は、高《たか》い運動能力《うんどうのうりょく》を持《も》った野球《やきゅう》センスがいい選手《せんしゅ》ばかりです。日本《にっぽん》ハムの陽岱鋼《ようだいかん》選手《せんしゅ》、西武《せいぶ》の秋山翔吾《あきやましょうご》選手《せんしゅ》、中日《ちゅうにち》の大島洋平《おおしまようへい》選手《せんしゅ》。こういったタイプの選手《せんしゅ》がズラリとならんでいるチームは、とても魅力的《みりょくてき》です。

オール1番打者《ばんだしゃ》チームの選手《せんしゅ》は、基本的《きほんてき》にはどこのポジションでもこなすことができるでしょう。ですから、しっかりとした守備《しゅび》のフォーメーションをくむことができます。

また、どの打順《だじゅん》からでも、いろいろな攻撃《こうげき》をしかけることができるでしょう。見《み》ている人《ひと》にとっても楽《たの》しい野球《やきゅう》となることはまちがいありません。

日本《にほん》ではよく「切《き》り込《こ》み隊長《たいちょう》」といわれますが、英語《えいご》では1番打者《ばんだしゃ》のことを「リード・オフ・マン」といいます。これは「ものごとをはじめる人《ひと》」という意味《いみ》です。野球《やきゅう》では、1番打者《ばんだしゃ》が塁《るい》にでることで、得点《とくてん》のチャンスが生《う》まれます。そうして試合《しあい》をひっぱっていくことが、1番打者《ばんだしゃ》の役割《やくわり》なのです。ビジネスの世界《せかい》でも、先頭《せんとう》に立《た》ってあたらしいことをはじめ、ひっぱっていくリーダーのような人《ひと》は、リード・オフ・マンと呼《よ》ばれます。

実際《じっさい》、1番打者《ばんだしゃ》にはそういう行動力《こうどうりょく》のある選手《せんしゅ》が多《おお》くいます。高校野球《こうこうやきゅう》や少年野球《しょうねんやきゅう》では、1番打者《ばんだしゃ》が主将《しゅしょう》をしているケースもよくあります。

これに対《たい》して、オール4番打者《ばんだしゃ》のチーム打線《だせん》の攻撃《こうげき》は、「線《せん》」ではなく「点《てん》」の状態《じょうたい》になってしまいます。4番打者《ばんだしゃ》が打席《だせき》に立《た》つときは、塁《るい》にでている選手《せんしゅ》をホームにかえす長打《ちょうだ》を打《う》つことが役割《やくわり》だからです。ですから、一対《たい》一の格闘技《かくとうぎ》のように、「投手《とうしゅ》vs打者《だしゃ》」の対決《たいけつ》がつづき、ひとりひとりが得点《とくてん》することをねらうスタイルになっていきます。

こうなると、投手《とうしゅ》としては、長打《ちょうだ》だけを警戒《けいかい》して投球《とうきゅう》すればよくなります。

それに、4番打者《ばんだしゃ》チームにとっては、だれがどのポジションを守《まも》るかが大《おお》きな問題《もんだい》です。もちろんみんなパワーはありますが、こまかい守備《しゅび》のできる器用《きよう》な選手《せんしゅ》は多《おお》くありません。内野手《ないやしゅ》、とくに二塁手《るいしゅ》と遊撃手《ゆうげきしゅ》の人選《じんせん》はむずかしくなるでしょう。

では、投手《とうしゅ》はどちらのチームが有利《ゆうり》なのでしょうか。高校野球《こうこうやきゅう》では「エースで4番《ばん》」という選手《せんしゅ》がよくいますから、4番打者《ばんだしゃ》のほうが投手《とうしゅ》としてもハマるのかもしれません。

ところが、プロ野球《やきゅう》では、高校野球《こうこうやきゅう》では中軸《ちゅうじく》を打《う》っていた選手《せんしゅ》が1番打者《ばんだしゃ》になるということがよくあります。実際《じっさい》、日本《にっぽん》ハム・陽《よう》選手《せんしゅ》、西武《せいぶ》・秋山《あきやま》選手《せんしゅ》、中日《ちゅうにち》・大島《おおしま》選手《せんしゅ》は、みんな高校時代《こうこうじだい》は中軸《ちゅうじく》を打《う》っていました。この3人《にん》は、足《あし》も肩《かた》もあるため、プロではいずれも外野手《がいやしゅ》でセンターを守《まも》っています。もちろん投手《とうしゅ》をしても、うまくこなすことができるでしょう。

一方《いっぽう》、4番打者《ばんだしゃ》チームはどうでしょうか。西武《せいぶ》・中村剛也《なかむらたけや》選手《せんしゅ》、DeNA《ディーエヌエー》・筒香嘉智《つつごうよしとも》選手《せんしゅ》、中日《ちゅうにち》・平田良介《ひらたりょうすけ》選手《せんしゅ》など、プロで4番《ばん》に座《すわ》る選手《せんしゅ》は、長打力《ちょうだりょく》はすごいですが、器用《きよう》なイメージはそれほどありません。あまり投手《とうしゅ》にむかなそうな選手《せんしゅ》ばかりです。

もっとも、日本《にっぽん》ハム・中田翔《なかたしょう》選手《せんしゅ》は大阪桐蔭高校時代《おおさかとういんこうこうじだい》に投手《とうしゅ》をつとめていましたし、ヤクルト・雄平《ゆうへい》選手《せんしゅ》も東北高校時代《とうほくこうこうじだい》は投手《とうしゅ》でした。ですから、4番打者《ばんだしゃ》チームに投手《とうしゅ》をできる選手《せんしゅ》がいないわけではありません。

しかし、投手《とうしゅ》の面《めん》でも1番打者《ばんだしゃ》チームのほうが有利《ゆうり》であることはまちがいありません。

結論《けつろん》として、打撃《だげき》・守《まも》り・投手《とうしゅ》、どのポイントをとっても、オール1番打者《ばんだしゃ》チームのほうがソツのないチームで、勝利《しょうり》する可能性《かのうせい》が高《たか》いといえます。

しかし、ぜったいにそうなるとはいえないところが、野球《やきゅう》のおもしろさとふしぎさです。

「野球《やきゅう》は確率《かくりつ》のゲーム」でもあります。何試合《なんしあい》もおこなえば、オール4番打者《ばんだしゃ》チームが花火大会《はなびたいかい》のようにホームランを量産《りょうさん》して、大差《たいさ》で勝《か》つ試合《しあい》もときにはあるでしょう。

やはり、ホームランには、野球《やきゅう》の最大《さいだい》の魅力《みりょく》といってもいいくらいのロマンがあります。

オール4番打者《ばんだしゃ》チームには、たとえ負《ま》けても、見《み》ていて楽《たの》しい、そんな気持《きも》ちのいいフルスイング野球《やきゅう》を期待《きたい》したいものです。

番《ばん》外《がい》編《へん》

プロ野《や》球《きゅう》選《せん》手《しゅ》VS トップアスリート

空《くう》想《そう》5番《ばん》勝《しょう》負《ぶ》！

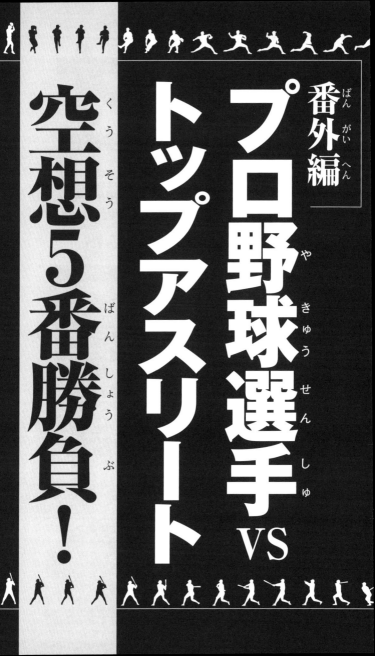

1回戦《かいせん》

オコエ瑠《る》偉《い》（楽天《らくてん》）

VS

桐生祥秀《きりゅうよしひで》（陸上《りくじょう》・短距離《たんきょり》）

ベースランニング対決《たいけつ》！

野球場《やきゅうじょう》のベースとベースのあいだの距離《きょり》は27・４３１メートルと定《さだ》められています。本《ほん》塁《るい》から一塁《るい》、二塁《るい》、三塁《るい》、そしてまた本塁《ほんるい》を４本《ほん》の直線《ちょくせん》でむすぶと正方形《せいほうけい》になり、そのかたちからダイヤモンドとも呼《よ》ばれています。野球《やきゅう》は、塁《るい》にでた走者《そうしゃ》がこのダイヤモンドを一周《いっしゅう》すると得点《とくてん》になる、というスポーツです。

そのため、野球選手《やきゅうせんしゅ》は通常《つうじょう》、塁《るい》と塁《るい》のあいだを走《はし》るベースランニングという練習《れんしゅう》をしています。一塁《るい》をかけぬけたり、二塁《るい》、三塁《るい》まで走《はし》ったりと、いろいろなメニューがあるのですが、ダイヤモンドを一周《いっしゅう》する練習《れんしゅう》もあります。通称《つうしょう》「ベーラン一周《いっしゅう》」などといいますが、単純計算《たんじゅんけいさん》でも全力疾走《ぜんりょくしっそう》で１１０メートル近《ちか》くを走《はし》らなければいけません。しかもそのあいだに、３回《かい》もほぼ直角《ちょっかく》に曲《ま》がりながら、走《はし》りぬけることになります。

陸上競技《りくじょうきょうぎ》の短距離走《たんきょりそう》では、１００メートル走《そう》は直線《ちょくせん》です。効率《こうりつ》よく走《はし》るには、いかにブレずにまっすぐ走《はし》るかがポイントになります。しかも、スタートダッシュで一気《いっき》にギアをあげてトップスピードに乗《の》らなくてはいけません。

日本短距離界《にほんたんきょりかい》のスーパースター・桐生祥秀選手《きりゅうよしひでせんしゅ》は、１００メートル走《そう》で日本歴代《にほんれきだい》２位《い》となる10秒《びょう》01という記録《きろく》を、高校生《こうこうせい》のときにたたきだしました。単純《たんじゅん》に考《かんが》えても、50メートル走《そう》は5秒台《びょうだい》で走《はし》れることになります。

一方《いっぽう》、楽天《らくてん》のオコエ瑠偉《るい》選手《せんしゅ》は、50メートル走《そう》で5秒《びょう》96という記録《きろく》を持《も》っています。この両選手《りょうせんしゅ》が50メートルをまっすぐ走《はし》るのであれば、桐生選手《きりゅうせんしゅ》のリードはまちがいありません。それに、短距離選手《たんきょりせんしゅ》の場合《ばあい》、中盤《ちゅうばん》から加速《かそく》がついて前半《ぜんはん》よりもいきおいよく走《はし》っていけます。ベーラン一周分《いっしゅうぶん》の１１０メートルの距離《きょり》をまっすぐ走《はし》って競《きそ》うのであれば、文句《もんく》なしで桐生選手《きりゅうせんしゅ》が圧勝《あっしょう》するでしょう。

しかし、陸上短距離選手《りくじょうたんきょりせんしゅ》の桐生選手《きりゅうせんしゅ》は、野球《やきゅう》のベースランニングのようにするどく角《かど》を曲《ま》がって走《はし》る練習《れんしゅう》はしていません。そんな練習《れんしゅう》をしたら、むしろ足首《あしくび》を痛《いた》めてしまうかもしれません。

陸上競技《りくじょうきょうぎ》でもコーナーワークの練習《れんしゅう》はしますが、それは４００メートルトラックのゆるやかなコーナーカーブを曲《ま》がるテクニックをみがく練習《れんしゅう》です。

ベーラン一周《いっしゅう》の場合《ばあい》は、各塁《かくるい》の手前《てまえ》からじょじょにふくらみを持《も》たせながら、ベースの角《かど》をたくみにふんで、しかも、ベースにふれた瞬間《しゅんかん》に少《すこ》しけるというように、いろいろなテクニックが必要《ひつよう》です。野球選手《やきゅうせんしゅ》のように日々《ひび》練習《れんしゅう》していないと、うまくは走《はし》れません。

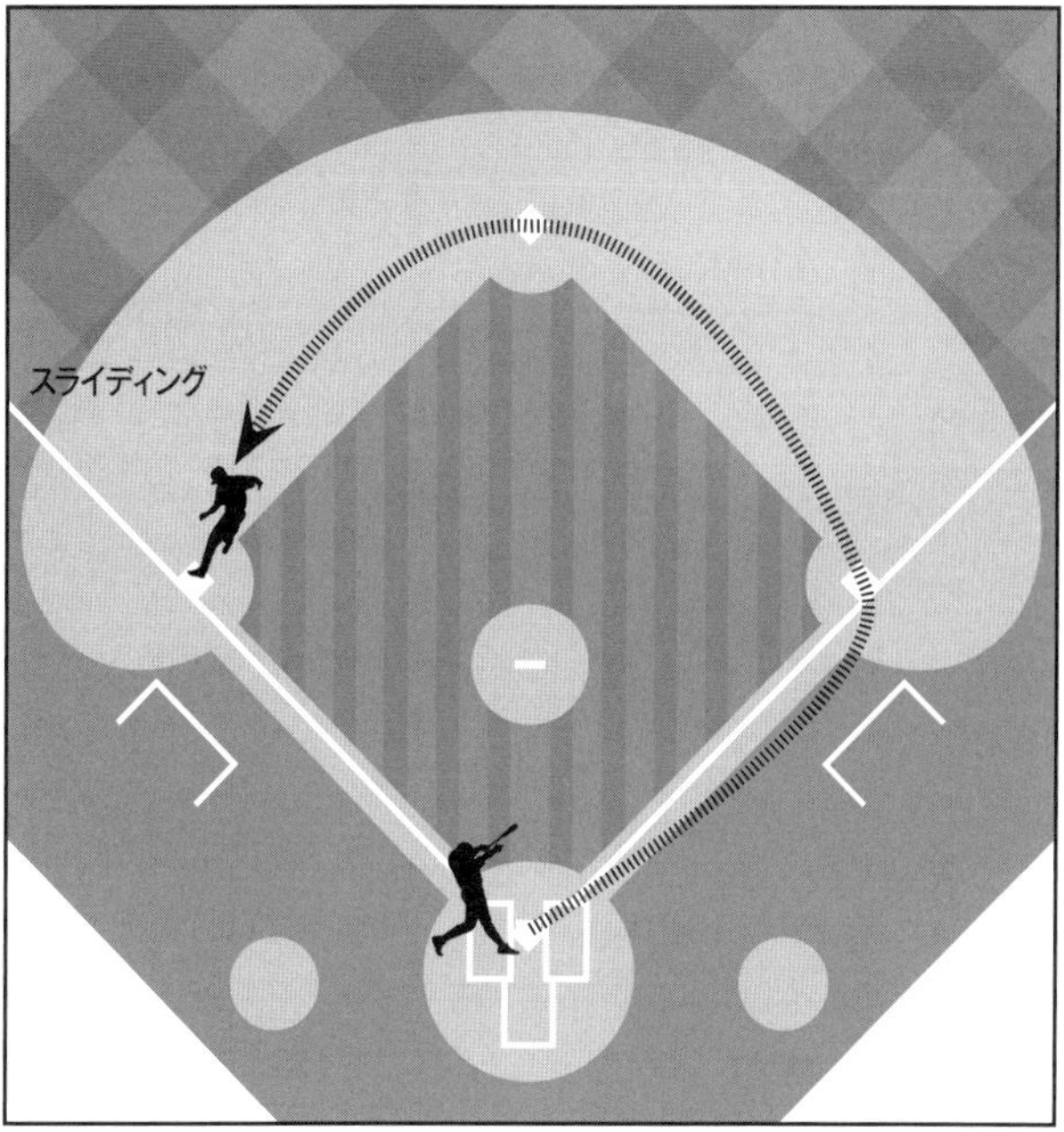

オコエ選手《せんしゅ》のベースランニングは、一塁《るい》をけるときよりも、二塁《るい》をけって三塁《るい》へむかうときのほうがスピードが乗《の》っています。

これは、ベースランニングのテクニックがすぐれているからこそできることです。

走塁《そうるい》の上手《じょうず》な選手《せんしゅ》は、ベースの角《かど》を左足《ひだりあし》でふんで、左肩《ひだりかた》を内側《うちがわ》にたおすようにして走《はし》ります。そうすればより鋭角的《えいかくてき》に曲《ま》がることができ、右足《みぎあし》をつぎの塁《るい》へまっすぐにだしやすくなるからです。

さらには、曲《ま》がる際《さい》に右《みぎ》ヒジを

強《つよ》く内側《うちがわ》にふるようにしていきます。これで、体《からだ》を左《ひだり》に回転《かいてん》させる速度《そくど》はさらにあがっていきます。

甲子園《こうしえん》で三塁打《るいだ》をはなったときにも見《み》せてくれましたが、オコエ選手《せんしゅ》は日々《ひび》の練習《れんしゅう》のなかでこうしたすぐれたテクニックを身《み》につけているので、ベースをけってからのスピードがあがってくるのです。

桐生選手《きりゅうせんしゅ》には、こうしたテクニックはありません。ですから、もしベースランニング一周《いっしゅう》で勝負《しょうぶ》をしたら、野球選手《やきゅうせんしゅ》のオコエ選手《せんしゅ》が日本《にほん》トップクラスのスプリンター・桐生選手《きりゅうせんしゅ》に勝《か》つことになるでしょう。

通常《つうじょう》、高校野球《こうこうやきゅう》以上《いじょう》のレベルでは、ダイヤモンド一周《いっしゅう》で14秒台《びょうだい》の選手《せんしゅ》は俊足《しゅんそく》といわれています。プロ野球《やきゅう》では、13秒台《びょうだい》で走《はし》る選手《せんしゅ》もいます。直線《ちょくせん》の100メートル走《そう》を10秒《びょう》50前《ぜん》後《ご》で走《はし》り、ダイヤモンド一周《いっしゅう》は13秒《びょう》29という野球選手《やきゅうせんしゅ》もいました。

もし桐生選手《きりゅうせんしゅ》が本格的《ほんかくてき》にベースランニングの技術《ぎじゅつ》をみがいて走《はし》ったら、12秒台《びょうだい》でダイヤモンドを一周《いっしゅう》することができるかもしれません。

鈴《すず》木《き》尚《たか》広《ひろ》（巨人《きょじん》）

VS

ウサイン・ボルト（陸上《りくじょう》・短距離《たんきょり》）

2回《かい》戦《せん》

盗《とう》塁《るい》対《たい》決《けつ》！

陸上競技《りくじょうきょうぎ》の短距離《たんきょり》の選手《せんしゅ》は、「位置《いち》について！」の合図《あいず》でクラウチングスタートの体勢《たいせい》にはいった瞬間《しゅんかん》から、全身《ぜんしん》をとぎすませて、スタートの号砲《ごうほう》を聞《き》きとると同時《どうじ》にスタートをきって、走《はし》りだします。号砲《ごうほう》がなる前《まえ》に気配《けはい》を察知《さっち》しているのかと思《おも》ってしまうほどの、ものすごい反射神経《はんしゃしんけい》です。

ほんのわずかでも号砲《ごうほう》よりも速《はや》く反応《はんのう》してしまうと、フライングになってしまいます。かといって、100分《ぶん》の1秒《びょう》でもタイムをロスしたくありません。ジャストミートしたスタートをきれるように、スプリンターたちは日々《ひび》、スタートの練習《れんしゅう》をおこなっています。

しかしそれは、野球《やきゅう》の盗塁《とうるい》のスタートとは、まったく異《こと》なるものです。盗塁《とうるい》を成功《せいこう》させるためには、もちろん足《あし》が速《はや》いほうが有利《ゆうり》です。ただし、盗塁《とうるい》の場合《ばあい》はそれがすべてではありません。

まず、相手投手《あいてとうしゅ》がけん制球《せいきゅう》を投《な》げてくるのかどうか気《き》をつけることが必要《ひつよう》です。そして、打者《だしゃ》に投球《とうきゅう》するために投手《とうしゅ》が足《あし》をあげた瞬間《しゅんかん》には、スタートをきっていなくてはいけません。ですから、盗塁《とうるい》でいいスタートをきるためには、相手投手《あいてとうしゅ》のフォームのクセを見《み》ぬくことが大事《だいじ》なのです。

野球《やきゅう》では通常《つうじょう》、投手《とうしゅ》の打者《だしゃ》への投球《とうきゅう》からプレーがはじまるのですが、盗塁《とうるい》は、その投手《とうしゅ》がプレーをはじめる投球《とうきゅう》をする前後《ぜんご》に、その裏《うら》で、気《き》づかれないように、文字《もじ》どおり「塁《るい》（ベース）を盗《ぬす》んで」いくプレーなのです。

さらに、二塁《るい》ベースや三塁《るい》ベースでは、捕手《ほしゅ》からの送球《そうきゅう》を受《う》けた野手《やしゅ》のタッチをかわすスライディング技術《ぎじゅつ》も大切《たいせつ》です。スピードがありすぎて、ベースを走《はし》りぬけてしまっては意味《いみ》がありません。せっかく送球《そうきゅう》より速《はや》く塁《るい》に着《つ》いていても、ベースからはなれた時点《じてん》でタッチアウトになってしまいます。野球用語《やきゅうようご》でいう「オーバーラン」です。

ぎりぎりのところでベースにタッチできるようにすべりこんでいきながら、相手《あいて》のタッチからは遠《とお》ざかっている、というのが理想的《りそうてき》なスライディングです。

代走《だいそう》からの盗塁数《とうるいすう》で日本記録《にほんきろく》を持《も》っている巨人《きょじん》の鈴木尚広《すずきたかひろ》選手《せんしゅ》などは、こうしたテクニックをかんぺきに身《み》につけています。まさに「盗塁《とうるい》マスター」といえるでしょう。

このように、陸上《りくじょう》の短距離走《たんきょりそう》と盗塁《とうるい》の走《はし》りは、まったくちがいます。スタートでは自分《じぶん》の耳《みみ》に意識《いしき》を集中《しゅうちゅう》させるスプリンターに対《たい》して、野球選手《やきゅうせんしゅ》は相手投手《あいてとうしゅ》の動《うご》きを見《み》のがさないようにしています。ゴールをトップスピードでかけぬけるスプリンターに対《たい》し、野球選《やきゅうせん》手《しゅ》はスピードは殺《ころ》さないようにしつつも、ボールや野手《やしゅ》の動《うご》き全体《ぜんたい》に気《き》を配《くば》りながら、しっかりベースで止《と》まれるようにスライディングしなければいけません。

盗塁対決《とうるいたいけつ》をするのであれば、たとえ相手《あいて》が陸上界《りくじょうかい》のスーパースターで100メートル走《そう》の現世界記録保持者《げんせかいきろくほじしゃ》、ウサイン・ボルトであっても、盗塁《とうるい》マスターの鈴木選手《すずきせんしゅ》に軍配《ぐんばい》があがるのではないでしょうか。


かつて、近鉄《きんてつ》バファローズに藤瀬史朗《ふじせしろう》という選手《せんしゅ》がいました。西本幸雄監督時代《にしもとゆきおかんとくじだい》におもに代走《だいそう》としてかつやくした選手《せんしゅ》でした。鈴木尚広選手《すずきたかひろせんしゅ》に抜《ぬ》かれるまでは、通算代走盗塁数《つうさんだいそうとうるいすう》の日本記録《にほんきろく》を持《も》っていた選手《せんしゅ》です。

藤瀬選手《ふじせせんしゅ》は、小《ちい》さいころからとても足《あし》が速《はや》かったそうです。もちろん野球《やきゅう》も大好《だいす》きで、桜宮高校時代《さくらのみやこうこうじだい》にも大阪体育大学時代《おおさかたいいくだいがくじだい》にも野球部《やきゅうぶ》に所属《しょぞく》していましたが、プロになりたいとは思《おも》っていませんでした。

しかし、近鉄《きんてつ》バファローズの入団《にゅうだん》テストの広告《こうこく》を見《み》て、「好《す》きなプロ野球選手《やきゅうせんしゅ》を間近《まぢか》で見《み》られるかもしれない」という軽《かる》い気持《きも》ちでテストを受《う》けました。すると、そのみごとな脚力《きゃくりょく》で、本人《ほんにん》もびっくりの合格《ごうかく》、入団《にゅうだん》がきまったという逸話《いつわ》がのこっています。

「いつ盗塁《とうるい》してもいいけど、ぜったいにアウトにはなるな！」

藤瀬選手《ふじせせんしゅ》は試合中《しあいちゅう》、監督《かんとく》からそんな指示《しじ》を受《う》けていたといいます。そして、実際《じっさい》にその期待《きたい》にこたえつづけました。7年間《ねんかん》のプロ野球在籍中《やきゅうざいせきちゅう》、ほとんどが代走《だいそう》としての起用《きよう》でしたが、436試合《しあい》に出場《しゅつじょう》し、117盗塁《とうるい》をきめています。代走《だいそう》で100盗塁《とうるい》、1シーズン代走《だいそう》25盗塁《とうるい》の記録《きろく》をのこすなど、盗塁《とうるい》のスペシャリストとしてかつやくしていました。

代走《だいそう》として登場《とうじょう》するだけでスタンドをわかせていたのですから、かなり異色《いしょく》のスター選手《せんしゅ》だったといっていいでしょう。

もっとも、打者《だしゃ》としても、218打数《だすう》45安打《あんだ》を記録《きろく》しています。4本《ほん》のホームランもはなっていますから、走《はし》りのスペシャリストとはいえ、野球選手《やきゅうせんしゅ》としてのバランスもとれていたのでしょう。もちろん、盗塁《とうるい》だけではなく、内野安打《ないやあんだ》などもあったでしょうし、走塁《そうるい》そのものが一級品《いっきゅうひん》でした。とくに、一塁《るい》から二塁《るい》ベースをけって三塁《るい》への走塁《そうるい》は、見《み》る人《ひと》をあっとおどろかせるものでした。やはり、ただ足《あし》が速《はや》いだけではなく、それだけ野球《やきゅう》のセンスもあったということですね。

3回《かい》戦《せん》

糸《いと》井《い》嘉《よし》男《お》（オリックス）

VS

村《むら》上《かみ》幸《ゆき》史《ふみ》（陸上《りくじょう》・やり投《な》げ）

遠《えん》投《とう》対《たい》決《けつ》！

かつてプロ野球《やきゅう》のドラフト会議《かいぎ》で、野球選手《やきゅうせんしゅ》ではなく陸上競技《りくじょうきょうぎ》のやり投《な》げ選手《せんしゅ》が指名《しめい》されたことがありました。

1991年《ねん》のドラフト会議《かいぎ》でのこと。西武《せいぶ》ライオンズが、8位指名《いしめい》で関東高校《かんとうこうこう》（現《げん》・聖徳学園《しょうとくがくえん》）の陸上競技部《りくじょうきょうぎぶ》で、やり投《な》げ専門《せんもん》の日月哲史選手《たちもりてつじせんしゅ》（後《のち》に、日月鉄二《たちもりてつじ》に改名《かいめい》）を指名《しめい》したのです。

日月選手《たちもりせんしゅ》は非常《ひじょう》にきれいなフォームのやり投《な》げ選手《せんしゅ》で、野球《やきゅう》の投《な》げかたをしっかりと身《み》につければ投手《とうしゅ》として成功《せいこう》するのではないかと西武《せいぶ》が考《かんが》えたからです。脚力《きゃくりょく》もありましたから、「外野手《がいやしゅ》としてきたえてみるのも、おもしろいだろう」ということで、ドラフトの際《さい》には外野手《がいやしゅ》での指名《しめい》となっていました。

もっとも、日月選手《たちもりせんしゅ》は子供《こども》のころから少年野球《しょうねんやきゅう》チームに所属《しょぞく》して、本格的《ほんかくてき》に野球《やきゅう》をしていました。関東高校《かんとうこうこう》に入学《にゅうがく》したときも野球部《やきゅうぶ》に入部《にゅうぶ》しましたが、2年生《ねんせい》のときに陸上競技部《りくじょうきょうぎぶ》の先生《せんせい》にさそわれてやり投《な》げをはじめました。そのやり投《な》げの実力《じつりょく》は、翌年《よくねん》の南関東大会《みなみかんとうたいかい》に優勝《ゆうしょう》、国体《こくたい》でも6位《い》に入賞《にゅうしょう》するほど高《たか》いものでした。

しかしその一方《いっぽう》で、野球選手《やきゅうせんしゅ》になる夢《ゆめ》をあきらめきれず、高校卒業後《こうこうそつぎょうご》に西武《せいぶ》の練習生《れんしゅうせい》となっていたのです。練習生《れんしゅうせい》だったため、ドラフト指名《しめい》することは予想《よそう》されていましたが、それでも「まさか本当《ほんとう》に指名《しめい》するとは……」と他球団《たきゅうだん》の関係者《かんけいしゃ》はおどろきました。けっきょく、プロ野球選手《やきゅうせんしゅ》としては日月選手《たちもりせんしゅ》はかつやくできませんでしたが、ボールを遠《とお》くに投《な》げるということに関《かん》しては、ピカイチだったでしょう。

たしかに陸上競技《りくじょうきょうぎ》のやり投《な》げ選手《せんしゅ》のフォームは、外野手《がいやしゅ》の送球《そうきゅう》フォームに似《に》ています。こまかく見《み》れば、やり投《な》げは助走《じょそう》が長《なが》かったり、腕《うで》をふりきらない投《な》げかただったりと、少《すこ》し異《こと》なる点《てん》もありますが、基本的《きほんてき》には遠《とお》くに投《な》げるための強肩《きょうけん》が必要《ひつよう》で、フォームも似《に》ているのです。

２００９年《ねん》の世界陸上《せかいりくじょう》のやり投《な》げ競技《きょうぎ》で銅《どう》メダルを獲得《かくとく》し、翌年《よくねん》のアジア競技大会《きょうぎたいかい》では金《きん》メダルを獲得《かくとく》するなど、日本《にほん》やり投《な》げ界《かい》の第一人者《だいいちにんしゃ》の村上幸史選手《むらかみゆきふみせんしゅ》も、中学時代《ちゅうがくじだい》は野球《やきゅう》部《ぶ》に所属《しょぞく》していました。

中学野球《ちゅうがくやきゅう》では豪球投手《ごうきゅうとうしゅ》として知《し》られていて、野球《やきゅう》の強豪校《きょうごうこう》からも勧誘《かんゆう》されていました。

しかし、中学校《ちゅうがっこう》の体育《たいいく》の授業《じゅぎょう》でハンドボールをしていたときに、陸上競技部《りくじょうきょうぎぶ》の顧問《こもん》の先生《せんせい》の目《め》にとまりました。

「キミならば日本《にほん》一になれるぞ」

この言葉《ことば》で、村上少年《むらかみしょうねん》はやり投《な》げへの転向《てんこう》を決心《けっしん》します。

高校《こうこう》は投《とう》てき競技《きょうぎ》の強《つよ》い愛媛県《えひめけん》の今治明徳高校《いまばりめいとくこうこう》にすすみ、やがて、日本大学《にほんだいがく》にすすんで、オリンピックにも出場《しゅつじょう》するやり投《な》げ選手《せんしゅ》へと成長《せいちょう》していったのです。

村上選手《むらかみせんしゅ》がやり投《な》げのスター選手《せんしゅ》としてかつやくするようになってから、プロ野球《やきゅう》の試《し》合《あい》で始球式《しきゅうしき》のゲストとして招《まね》かれたことがありました。そこで、なんと球速《きゅうそく》１４４キロをマークし、見《み》ていた観客《かんきゃく》のどぎもを抜《ぬ》きました。それどころか、大学時代《だいがくじだい》には遊《あそ》びで球速《きゅうそく》をはかってみたところ、１５２キロまでだしたことがあるという逸話《いつわ》もあります。

まさに、その強肩《きょうけん》ぶりはプロの野球選手《やきゅうせんしゅ》以上《いじょう》といえるでしょう。

そんな村上選手《むらかみせんしゅ》のように、野球経験《やきゅうけいけん》のあるやり投《な》げ選手《せんしゅ》であれば、外野手《がいやしゅ》として練習《れんしゅう》をつんでいけば、バックホームするときの返球《へんきゅう》がとんでもないレーザービームとなるかもしれません。ただ、やり投《な》げ選手《せんしゅ》がいきなり外野手《がいやしゅ》として捕手《ほしゅ》へ送球《そうきゅう》ができるかというと、やはりコントロールという点《てん》で無理《むり》があります。

やり投《な》げのき道《どう》と外野手《がいやしゅ》の送球《そうきゅう》のき道《どう》では、球《たま》すじも異《こと》なります。やり投《な》げは、投《とう》てき競技《きょうぎ》ですから、遠《とお》くへ投《な》げるということが最大《さいだい》の目標《もくひょう》です。そのため、少《すこ》し角度《かくど》を上方向《うえほうこう》につけて投《な》げていくことになります。しかし、外野手《がいやしゅ》の送球《そうきゅう》の場合《ばあい》は、なるべく低《ひく》くおさえて、ワンバウンドでもいいから捕手《ほしゅ》が走者《そうしゃ》にタッチしやすいところへ投《な》げるというのが基本《きほん》です。

いわゆるレーザービームといわれている送球《そうきゅう》は、放物線《ほうぶつせん》をえがくのではなく、レーザー光線《こうせん》のようにまっすぐ飛《と》んでくる矢《や》のような送球《そうきゅう》をいうのです。日本《にほん》でいちばん送球《そうきゅう》のするどいオリックス・糸井嘉男《いといよしお》選手《せんしゅ》の外野《がいや》からのレーザービームに勝《まさ》ることは、どんな強肩《きょうけん》のやり投《な》げ選手《せんしゅ》でもむずかしいでしょう。

4回《かい》戦《せん》

イチロー（マイアミ・マーリンズ）

VS

石《いし》川《かわ》佳《か》純《すみ》（卓球《たっきゅう》）

バット（ラケット）コントロール対決《たいけつ》！

野球《やきゅう》の打者《だしゃ》は、基本的《きほんてき》にはホームから90度《ど》にひろがるフィールドに打球《だきゅう》をはなちます。そして、相手野手《あいてやしゅ》がいないところへころがしたり、とどかないところへ打球《だきゅう》を落《お》とせれば、それがヒットになってつながっていくというスポーツです。

イチロー選手《せんしゅ》は、その技術《ぎじゅつ》の天才《てんさい》です。

よく「はかったように打球《だきゅう》が三遊間《さんゆうかん》を抜《ぬ》けていった」などという表現《ひょうげん》をすることがありますが、バットコントロールの上手《じょうず》な選手《せんしゅ》は、まさに計算《けいさん》したかのように、三塁手《るいしゅ》と遊撃手《ゆうげきしゅ》のあいだを抜《ぬ》く打球《だきゅう》をはなつことができるのです。

かつてこんなことがありました。バットコントロールは職人級《しょくにんきゅう》といわれていた、落合博《おちあいひろ》満元中日監督《みつもとちゅうにちかんとく》の現役時代《げんえきじだい》です。落合選手《おちあいせんしゅ》がバッターボックスに立《た》って打撃練習《だげきれんしゅう》をしていると、テレビのカメラマンが一塁線《るいせん》の近《ちか》くまで寄《よ》ってきて、低《ひく》い位置《いち》から落合選手《おちあいせんしゅ》を撮《と》ろうとねらってきました。落合選手《おちあいせんしゅ》は、

「危《あぶ》ないよ、そこ。ボールあたっちゃうよ」

と注意《ちゅうい》しました。それでもカメラマンは動《うご》きません。そこで落合選手《おちあいせんしゅ》は、

「あてちゃうよ、ほら」

そういって、わざとカメラのレンズに打球《だきゅう》をあてたのです。

いくら近《ちか》くにいたといっても、カメラのレンズのような小《ちい》さな的《まと》に正確《せいかく》に打球《だきゅう》をはこぶことは、並大抵《なみたいてい》のことではありません。一流選手《りゅうせんしゅ》のバットコントロールは、それくらいすばらしいのです。

これに対《たい》して卓球《たっきゅう》は、相手《あいて》の卓球台《たっきゅうだい》の、たて137センチメートル、よこ152・5センチメートルというわずかなスペースに、高《たか》さ15・25センチメートルのネットをこえて打《う》ちかえしていくスポーツです。はずせば、相手《あいて》にポイントをあたえてしまいます。

卓球日本代表《たっきゅうにほんだいひょう》の石川佳純選手《いしかわかすみせんしゅ》は、卓球台《たっきゅうだい》のコーナーにおいた小《ちい》さな箱《はこ》をねらって打《う》つという練習《れんしゅう》をくりかえしおこなっていますが、百発百中《ひゃっぱつひゃくちゅう》といっていいくらい、しっかりとしたコントロールで箱《はこ》にあてることができます。相手《あいて》がふつうに打《う》ってくる球《たま》であれば、まずまちがいなく思《おも》ったところへ打《う》ちかえすことができるでしょう。

コントロールをみがくために、石川選手《いしかわせんしゅ》はてっていした反復練習《はんぷくれんしゅう》をしています。まったく同《おな》じ場所《ばしょ》に、同《おな》じ動《うご》きで打《う》ちかえすことをくりかえし、その動《うご》きを身体《からだ》に覚《おぼ》えさせることからはじめます。そうして自分《じぶん》の身体《からだ》に動《うご》きをなじませておけば、どんなじょうきょうでも、同《おな》じ動《うご》きで自分《じぶん》がねらったところに球《たま》を打《う》ちかえすことができるのです。

また、卓球《たっきゅう》は、せまい卓球台《たっきゅうだい》をはさんで相手《あいて》とむきあう競技《きょうぎ》です。目《め》の前《まえ》にいる相手《あいて》が打《う》ってくる球《たま》に反応《はんのう》するには、一瞬《いっしゅん》たりとも気《き》を抜《ぬ》けません。少《すこ》しでも気持《きも》ちがぶれてしまえば、相手《あいて》の球《たま》を打《う》ちかえせないのです。ですから一流《りゅう》の卓球選手《たっきゅうせんしゅ》は非常《ひじょう》に高《たか》い集中力《しゅうちゅうりょく》を持《も》っています。

世界《せかい》ランキングでも上位《じょうい》にはいる石川選手《いしかわせんしゅ》クラスになると、技術《ぎじゅつ》と集中力《しゅうちゅうりょく》だけでなく、試合中《しあいちゅう》に自分《じぶん》のわるいところを理解《りかい》して、修正《しゅうせい》していく能力《のうりょく》まであります。

イチロー選手《せんしゅ》と石川選手《いしかわせんしゅ》が、それぞれのバットコントロールとラケットコントロールを競《きそ》う場合《ばあい》、どんなルールがよいでしょうか？　コントロールの勝負《しょうぶ》ですから、それぞれ投《とう》手《しゅ》や相手選手《あいてせんしゅ》のボールを打《う》ちかえして、ねらった的《まと》に正確《せいかく》にあてつづける勝負《しょうぶ》であれば、やはり石川選手《いしかわせんしゅ》の勝《か》ちでしょう。

さきほどもいったように、野球《やきゅう》の場合《ばあい》も、野手《やしゅ》のあいだをねらって打《う》つことはあります。しかし野球《やきゅう》では、すべての投球《とうきゅう》を打《う》ちかえすわけではありません。ストライクゾーンにきたあまい球《たま》を打《う》ちかえしていけばよいのです。ところが卓球《たっきゅう》は、卓球台《たっきゅうだい》の自分《じぶん》のスペースにはいった球《たま》は、どこに飛《と》んでいこうが打《う》ちかえさなければいけません。

野球《やきゅう》と卓球《たっきゅう》では、球《たま》を打《う》ちかえすという点《てん》では、競技《きょうぎ》の本質《ほんしつ》がちがうのです。

では、自分《じぶん》が持《も》っているボールを打《う》ってコントロールを競《きそ》えばどうでしょう。

シートノックのノッカーであれば、同《おな》じ個所《かしょ》をねらって、ピンポイントに何度《なんど》も打《う》つということもあります。高校《こうこう》野球《やきゅう》の強豪校《きょうごうこう》のコーチは、1日《にち》3000本《ぼん》、4000本《ぼん》もノックを打《う》つことがあります。そんなノックの名人《めいじん》であれば、ほぼねらったところへ打《う》てますから、石川選手《いしかわせんしゅ》との的《まと》あて対決《たいけつ》でも、いい勝負《しょうぶ》になるかもしれません。

もっとも、イチロー選手《せんしゅ》がノックバットを持《も》って、百発百中《ひゃっぱつひゃくちゅう》のノックができるかというと、案外《あんがい》そうもいかないでしょう。好打者《こうだしゃ》がかならずしもノックの名人《めいじん》になるとはかぎりません。ノックバットをコントロールするのと、相手《あいて》が投《な》げてくる球《たま》を好打《こうだ》することとは、まったく異《こと》なる技術《ぎじゅつ》なのです。

5回《かい》戦《せん》

前《まえ》田《だ》健《けん》太《た》（ロサンゼルス・ドジャース）

VS

五《ご》郎《ろう》丸《まる》歩《あゆむ》（ラグビー）

ボールコントロール対《たい》決《けつ》！

プロ野球《やきゅう》の投手《とうしゅ》は剛速球《ごうそっきゅう》を投《な》げるというイメージがありますが、じつは速《はや》い球《たま》を投《な》げられることよりもはるかに大事《だいじ》なのはコントロールです。どんな剛速球《ごうそっきゅう》を投《な》げたとしても、ストライクをとれないのであれば意味《いみ》はありません。

自分《じぶん》のねらったところへ、それぞれの球種《きゅうしゅ》でいかに投《な》げられるか、それが一流《りゅう》のプロの投手《とうしゅ》にもとめられることです。ストライクゾーンだけではなく、じょうきょうによっては、意図《いと》してボール球《だま》を投《な》げてふらせるという技術《ぎじゅつ》も大事《だいじ》です。ストライクゾーンからボールゾーンへ曲《ま》がっていく変化球《へんかきゅう》もあります。

あるいは「見《み》せ球《だま》」といって、まず高《たか》めや低《ひく》めに意識的《いしきてき》に投《な》げて、打者《だしゃ》の目線《めせん》をそこに持《も》っていかせて、つぎに逆方向《ぎゃくほうこう》へ投《な》げると、打者《だしゃ》の目線《めせん》はついていくことができなくて、空《から》ぶりをしたり、見《み》のがしたりということになります。

どれも、ハイレベルなコントロールがあって初《はじ》めてできる投球《とうきゅう》です。

そのためには、まずはストレートの制球力《せいきゅうりょく》をつけなくてはいけません。しっかりと指《ゆび》にひっかけて（プロの投手《とうしゅ》はよく「ボールのかかりぐあい」といういいかたをします）、高《こう》回転《かいてん》でキレのあるボールをまっすぐに投《な》げられる技術《ぎじゅつ》が必要《ひつよう》です。

そして、そんなキレのあるストレートだけでなく、カーブやスライダーといった変化球《へんかきゅう》も、同《おな》じようにコントロールして投《な》げていくのです。

メジャーリーグのロサンゼルス・ドジャースでかつやくする前田健太投手《まえだけんたとうしゅ》は、バツグンのコントロール力《りょく》を持《も》っています。いろんな球種《きゅうしゅ》を持《も》ち、そのすべてをねらったところに投《な》げられる、まさにミスターコントロールです。

一方《いっぽう》のラグビーは、相手《あいて》とぶつかりあったり、ボールを持《も》った選手《せんしゅ》が走《はし》ったりという、はげしい動《うご》きが多《おお》い「動《どう》」のつづく競技《きょうぎ》です。そんななかで、トライ後《ご》のコンバージョンキックや、相手《あいて》の反則《はんそく》によるペナルティーキックでねらうペナルティーゴールは、数少《かずすく》ない「静《せい》」の要素《ようそ》がもとめられるシーンです。

そんなプレースキックは、かならずしも正面《しょうめん》からねらえるわけではありません。反則《はんそく》のあった位置《いち》、トライをきめた位置《いち》の延長線上《えんちょうせんじょう》にボールをおき、3メートルより上《うえ》の高《たか》さで、はばが5・6メートルのゴールをねらいます。毎回《まいかい》ける位置《いち》が変《か》わるので、角度《かくど》がせまく、ゴールがとてもねらいにくいときもあります。

ラグビー日本代表《にほんだいひょう》の五郎丸歩《ごろうまるあゆむ》選手《せんしゅ》は、トップリーグでは約《やく》8割《わり》のキック成功率《せいこうりつ》を記録《きろく》しています。しかし、プレースキックをける場所《ばしょ》はすべてが同《おな》じ条件《じょうけん》ではありませんから、成功率《せいこうりつ》の数字《すうじ》だけで精度《せいど》の高《たか》さをはかるのはあまり正確《せいかく》ではないかもしれません。

キッカーにはきき足《あし》がありますから、ゴールの左右《さゆう》どちらの側《がわ》からのキックになるのかということも、大事《だいじ》な要素《ようそ》になります。五郎丸選手《ごろうまるせんしゅ》は右足《みぎあし》でのキックですから、ゴールにむかって左《ひだり》45度《ど》くらいの位置《いち》からだと、ボールをコントロールしやすいでしょう。

ラグビーボールはたまごのようなだ円球《えんきゅう》ですから、けったときにどういう回転《かいてん》をあたえるのかということも重要《じゅうよう》です。右足《みぎあし》でけると、回転数《かいてんすう》が増《ま》すほど左方向《ひだりほうこう》へドリフト（回転《かいてん》して曲《ま》がっていくこと）していきます。五郎丸選手《ごろうまるせんしゅ》のような名《めい》キッカーは、風《かぜ》の状態《じょうたい》を読《よ》んで、そのドリフトを調整《ちょうせい》しています。

前田投手《まえだとうしゅ》は、無風《むふう》でフラットなグラウンド状態《じょうたい》の東京《とうきょう》ドームのマウンドであれば、ストライクゾーンははずさないでしょう。また、五郎丸選手《ごろうまるせんしゅ》もゴール正面《しょうめん》などきまった位置《いち》からでのプレースキックであればゴールをはずすことはないでしょう。

ということで、両者《りょうしゃ》ゆずらず、延長戦《えんちょうせん》がつづいて引《ひ》き分《わ》けという結果《けっか》になりそうです。

あとがきにかえて

みなさん、「空想野球《くうそうやきゅう》」を楽《たの》しんでいただけましたでしょうか？

これはあくまでも空想《くうそう》ですから、現実《げんじつ》にはありえない対決《たいけつ》やチームもありましたね。私《わたし》の「もしこうなったらおもしろいだろうな」という思《おも》いつきやアイデアを、ちゃんと野球《やきゅう》のルールや競技《きょうぎ》としての原則《げんそく》に当《あ》てはめて、楽《たの》しみながら話《はなし》をすすめてみました。

野球《やきゅう》というスポーツは、ほかの競技《きょうぎ》にくらべても、考《かんが》える時間《じかん》が非常《ひじょう》に多《おお》いスポーツです。プレーしているときはもちろんですが、プレーをしていないときでも、「ああでもない、こうでもない」と、考《かんが》える楽《たの》しみを与《あた》えてくれるのです。

みなさんも野球《やきゅう》のことを考《かんが》えているときに、ふと「こんなことができたらいいのに」とか、「こういうことになったらどうなるんだろう」と思《おも》うことがあるかもしれません。

そんなときには、遠慮《えんりょ》しないで、どんどん空想野球研究所《くうそうやきゅうけんきゅうじょ》にその思《おも》いつきやアイデアをお送《おく》りください。みなさんの空想《くうそう》に、楽《たの》しくお答《こた》えしていきます。

空想野球研究所《くうそうやきゅうけんきゅうじょ》　所長《しょちょう》　手束仁《てづかじん》

集英社みらい文庫

実況《じっきょう》！空想《くうそう》野《や》球《きゅう》研《けん》究《きゅう》所《じょ》

もしも織田信長《おだのぶなが》がプロ野球《やきゅう》の監督《かんとく》だったら

手束仁《てづかじん》　作

フルカワマモる　絵

ファンレターのあて先
〒101-8050　東京都千代田区一ツ橋2-5-10　集英社みらい文庫編集部
いただいたお便りは編集部から先生におわたしいたします。

2016年6月29日　第1刷発行
2017年6月7日　第4刷発行

発行者　北畠輝幸
発行所　株式会社 集英社
〒101-8050　東京都千代田区一ツ橋2-5-10
電話　編集部 03-3230-6246
読者係 03-3230-6080
販売部 03-3230-6393（書店専用）
http://miraibunko.jp
装丁　小松昇（Rise Design Room）　中島由佳理
印刷　図書印刷株式会社　凸版印刷株式会社
製本　図書印刷株式会社

ISBN978-4-08-321323-6　C8275　N.D.C.913　170P　18cm

楽《たの》しすぎる夢《ゆめ》の1冊《さつ》!!!

もしも…

戦国武将《せんごくぶしょう》が小学校《しょうがっこう》の先生《せんせい》だったら…!?

本能寺《ほんのうじ》の変《へん》で織田信長《おだのぶなが》が死《し》んでいなかったら…!?

大阪城《おおさかじょう》があべのハルカス級《きゅう》の高《たか》さだったら…!?

戦国武将《せんごくぶしょう》がYouTuber《ユーチューバー》だったら…!?

サッカー日本代表《にほんだいひょう》が戦国武将《せんごくぶしょう》イレブンだったら…!?

野球日本代表《やきゅうにほんだいひょう》が戦国武将《せんごくぶしょう》ナインだったら…!?

織田信長《おだのぶなが》が内閣総理大臣《ないかくそうりだいじん》だったら…!?

毛利元就《もうりもとなり》の「三本《さんぼん》の矢《や》」が折《お》れてしまったら…!?

武田信玄《たけだしんげん》の「風林火山《ふうりんかざん》」に一文字《ひともじ》くわえるなら…!?

上杉謙信《うえすぎけんしん》が義《ぎ》の武将《ぶしょう》ではなかったら…!?

いちばんは
誰《だれ》ですか!?

いちばんモテる武将《ぶしょう》は？

いちばんケンカの強《つよ》い武将《ぶしょう》は？

いちばん頭《あたま》のいい武将《ぶしょう》は？

いちばんダサいあだ名《な》の武将《ぶしょう》は？

いちばん教科書《きょうかしょ》で落書《らくが》きされた武将《ぶしょう》は？

戦《せん》国《ごく》武《ぶ》将《しょう》を空《くう》想《そう》する
めっちゃ売《う》れ!
『実《じっ》況《きょう》!空《くう》想《そう》武《ぶ》将《しょう》研《けん》究《きゅう》所《じょ》
もしも織《お》田《だ》信《のぶ》長《なが》が校《こう》長《ちょう》先《せん》生《せい》だったら』
小《こ》竹《だけ》洋《よう》介《すけ》・作
フルカワマモる・絵
実況!空想武将研究所
もしも織田信長が校長先生だったら
小竹洋介・作
フルカワマモる・絵
出席簿
研
空想
研究
空想武将研究所
みらい文庫
チャンネル登録 999+
追加
共有
その他
すべてがこの
1冊《さつ》に入《はい》っとる!!
大《だい》好《こう》評《ひょう》
発《はつ》売《ばい》中《ちゅう》!!

ヤミツキになる1冊《さつ》!!!

もしも…

小学生《しょうがくせい》でドライブシュートをけることができたら…!?

天才《てんさい》リオネル・メッシが右利《みぎき》きだったら…!?

C《クリスティアーノ》ロナウドとメッシが同《おな》じチームになったら…!?

少年《しょうねん》サッカー22人《にん》vsプロサッカー4人《にん》で試合《しあい》をしたら…!?

小学生《しょうがくせい》がFIFA《フィファ》ワールドカップに出場《しゅつじょう》できるとしたら…!?

人類最速《じんるいさいそく》ウサイン・ボルトがサッカー選手《せんしゅ》だったら…!?

プロ野球《やきゅう》の大谷翔平《おおたにしょうへい》がサッカー選手《せんしゅ》だったら…!?

マンガ『キャプテン翼《つばさ》』の登場人物《とうじょうじんぶつ》が実在《じつざい》したら…!?

FIFA《フィファ》ワールドカップが富士山《ふじさん》の頂上《ちょうじょう》で開催《かいさい》されたら…!?

FIFA《フィファ》ワールドカップが巨大冷蔵庫《きょだいれいぞうこ》で開催《かいさい》されたら…!?

J《ジェイ》リーグにドラフト制度《せいど》があったら…!?

戦国武将《せんごくぶしょう》がW杯《ワールドカップ》で監督《かんとく》になったら!?
そんな研究《けんきゅう》もしちゃいますよ〜!

徳川家康《とくがわいえやす》＝ポルトガル代表《だいひょう》
豊臣秀吉《とよとみひでよし》＝中国代表《ちゅうごくだいひょう》
武田信玄《たけだしんげん》＝ブラジル代表《だいひょう》
上杉謙信《うえすぎけんしん》＝アルゼンチン代表《だいひょう》
毛利元就《もうりもとなり》＝イングランド代表《だいひょう》
伊達政宗《だてまさむね》＝スペイン代表《だいひょう》
天草四郎時貞《あまくさしろうときさだ》＝イタリア代表《だいひょう》
坂本龍馬《さかもとりょうま》＝オランダ代表《だいひょう》
西郷隆盛《さいごうたかもり》＝ドイツ代表《だいひょう》
ペリー＝アメリカ代表《だいひょう》

サッカーがもっと好《す》きになる
『実況《じっきょう》！空想《くうそう》サッカー研究所《けんきゅうじょ》
もしも織田信長《おだのぶなが》が日本代表監督《にほんだいひょうかんとく》だったら』
清水英斗《しみずひでと》・作
フルカワマモる・絵
実況《じっきょう》！空想《くうそう》サッカー研究所《けんきゅうじょ》
もしも織田信長《おだのぶなが》が日本代表監督《にほんだいひょうかんとく》だったら
清水英斗・作
フルカワマモる・絵
集英社みらい文庫
連続《れんぞく》ゴール
記録更新中《きろくこうしんちゅう》！
2017年《ねん》
7月《がつ》21日《にち》
（金《きん》）発売《はつばい》!!

「みらい文庫《ぶんこ》」読者《どくしゃ》のみなさんへ

言葉《ことば》を学《まな》ぶ、感性《かんせい》を磨《みが》く、創造力《そうぞうりょく》を育《はぐく》む……、読書《どくしょ》は「人間力《にんげんりょく》」を高《たか》めるために欠《か》かせません。たった一枚《いちまい》のページをめくる向《む》こう側《がわ》に、未知《みち》の世界《せかい》、ドキドキのみらいが無限《むげん》に広《ひろ》がっている。これこそが「本《ほん》」だけが持《も》っているパワーです。

学校《がっこう》の朝《あさ》の読書《どくしょ》に、休《やす》み時間《じかん》に、放課後《ほうかご》に……。いつでも、どこでも、すぐに続《つづ》きを読《よ》みたくなるような、魅力《みりょく》に溢《あふ》れる本《ほん》をたくさん揃《そろ》えていきたい。読書《どくしょ》がくれる、心《こころ》がきらきらしたり胸《むね》がきゅんとする瞬間《しゅんかん》を体験《たいけん》してほしい、楽《たの》しんでほしい。みらいの日本《にほん》、そして世界《せかい》を担《にな》うみなさんが、やがて大人《おとな》になった時《とき》、「読書《どくしょ》の魅力《みりょく》を初《はじ》めて知《し》った本《ほん》」「自分《じぶん》のおこづかいで初《はじ》めて買《か》った一冊《いっさつ》」と思《おも》い出《だ》してくれるような作品《さくひん》を一所懸命《いっしょけんめい》、大切《たいせつ》に創《つく》っていきたい。

そんないっぱいの想《おも》いを込《こ》めながら、作家《さっか》の先生方《せんせいがた》と一緒《いっしょ》に、私《わたし》たちは素敵《すてき》な本作《ほんづく》りを続《つづ》けていきます。「みらい文庫《ぶんこ》」は、無限《むげん》の宇宙《うちゅう》に浮《う》かぶ星《ほし》のように、夢《ゆめ》をたたえ輝《かがや》きながら、次々《つぎつぎ》と新《あら》しく生《う》まれ続《つづ》けます。

本《ほん》を持《も》つ、その手《て》の中《なか》に、ドキドキするみらい――。

本《ほん》の宇宙《うちゅう》から、自分《じぶん》だけの健《すこ》やかな空想力《くうそうりょく》を育《そだ》て、〝みらいの星《ほし》〟をたくさん見《み》つけてください。

そして、大切《たいせつ》なこと、大切《たいせつ》な人《ひと》をきちんと守《まも》る、強《つよ》くて、やさしい大人《おとな》になってくれることを心《こころ》から願《ねが》っています。

2011年《ねん》　春《はる》

集英社《しゅうえいしゃ》みらい文庫《ぶんこ》編集部《へんしゅうぶ》